VI. Kueser Gespräche

VI. KUESER GESPRÄCHE

EUROPA ALS WERTEORDNUNG?

DAS ERBE DES NIKOLAUS VON KUES

Herausgegeben von

Ulf Hangert,
*Bürgermeister der Verbandsgemeinde
Bernkastel-Kues,*
Wolfgang Port,
Stadtbürgermeister von Bernkastel-Kues,
und
Karl-Heinz B. van Lier,
Konrad Adenauer-Stiftung

Aschendorff
Verlag

INHALTSVERZEICHNIS

Vorwort

Der vorliegende Band dokumentiert die „6. Kueser Gespräche". Sie standen unter dem Thema: „Europa als Werteordnung" und sind wie immer mit dem Untertitel versehen „Das Erbe des Nikolaus von Kues". Auch dieses Mal war es die Absicht der Veranstalter, mit den „Kueser Gesprächen" eine Möglichkeit zu bieten, um anstehende, zentrale Gegenwartsaufgaben im Spannungsfeld von Kirche, Staat und Gesellschaft zu diskutieren. Sie tragen damit der Einsicht Rechnung, dass die Wurzel gesellschaftlicher Probleme, auch der immer drängender werdenden wirtschaftlichen Schwierigkeiten, im Bereich der Kultur und der Bildung liegt und dass ohne eine Lösung auf diesem Felde gar keine Lösung gefunden werden wird.

Die „Kueser Gespräche" beziehen sich auch dieses Mal wieder auf Nikolaus von Kues (1401-1464) und suchen bei ihm Anregung. Dass ein Denker, der vor 600 Jahren gelebt hat, noch heute aktuell zu sein vermag, liegt im Falle des Cusanus sicherlich daran, dass er in so grundsätzlicher Weise die neuzeitliche Entwicklung von Kultur und Gesellschaft mit seinen Ideen vorausgedacht und erspürt hat. Natürlich können die Gedanken eines Denkers, der vor 600 Jahre wirkte, nicht einfach unmittelbar in unsere Gegenwart übertragen werden. Doch bieten seine Ideen für den heutigen Kontext Anregungen und Perspektiven. Die Beschäftigung mit Cusanus als einem besonderen Exponenten der europäischen Geistesgeschichte lässt sich auch verstehen als Versuch eines gemeinsamen Gespräches über die Zeiten hinweg. Es ist ein Versuch, der Geschichte ihr Mitspracherecht einzuräumen. Dass wir einen Menschen in der Mitte seines Lebens nur verstehen, wenn wir seine Biographie kennen, und dass von der ersten Lebenshälfte her sich die Möglichkeiten der weiteren Lebensgestaltung ergeben, das ist eine unbestrittene Einsicht. Mit Blick auf unsere Kultur und ihre Zeiträume herrscht darüber freilich keine vergleichbare Klarheit. Ohne ein reflektiertes historisches Selbstverständnis ist aber genau so wenig eine Orientierung in der Gegenwart möglich. Unsere Rückfrage an Nikolaus von Kues macht deutlich, dass gesellschaftliche Ordnung, zumal eine Werteordnung, nur mit und in Geschichte zu realisieren ist.

Die „6. Kueser Gespräche" fanden am 15. Juni 2018 im Kloster Machern bei Bernkastel-Kues im Beisein von rund 300 Gästen statt.

In bewährter Weise hat die „Kueser Akademie für Europäische Geistesgeschichte", die ein Institut an der Cusanus Hochschule ist, als

Grundlage eine Publikation vorbereitet, nämlich das erste Heft der Zeitschrift „Coincidentia. Zeitschrift für Europäische Geistesgeschichte" im Jahrgang 2018. In dem Band finden sich grundlegende Beiträge, die als Vorbereitung erarbeitet worden sind. Dafür sei vor allem Prof. Dr. Harald Schwaetzer und Prof. Dr. Wolfgang Christian Schneider herzlich gedankt.

Die Vorbereitung und Durchführung der Kueser Gespräche erforderte auf vielen Feldern viel Einsatz und Teilnahme. Im Schlusswort sind die wichtigsten Danksagungen ausgesprochen. Doch wir wollen es an dieser Stelle nicht versäumen, noch einmal für die tatkräftige Unterstützung folgender Personen und Organisationen zu danken: Alexander Licht, MdL, als dem Vorsitzenden der „Kueser Akademie", und Prof. Dr. Harald Schwaetzer als ihrem wissenschaftlichen „spiritus rector" gebührt besonderer Dank. Für die praktische wie wissenschaftliche Organisation der Veranstaltung möchten wir dem Geschäftsführer der „Kueser Akademie", Herrn Dr. Matthias Vollet, einen herzlichen Dank aussprechen. Unser Dank gilt auch Herrn Thomas Lutz, Lutzdesign, Mülheim/Mosel. Ein besonderer Dank geht an das Kloster Machern, welches auch die „6. Kueser Gespräche" so wohlwollend beherbergt hat.

Die Drucklegung des Bandes wurde redaktionell von Frau Ina Bauer, Frau Julia Fuchte, M.A., und Herrn Prof. Dr. Harald Schwaetzer betreut.

Herrn Dr. Dirk Paßmann vom Verlag Aschendorff danken wir für die gute Zusammenarbeit bei der Realisierung des Bandes.

Bernkastel-Kues,
im Juni 2019

Ulf Hangert (Bürgermeister der Verbandsgemeinde Bernkastel-Kues)
Wolfgang Port (Stadtbürgermeister von Bernkastel-Kues)
Karl-Heinz B. van Lier (Konrad-Adenauer-Stiftung)

ULF HANGERT

Begrüßung

Meine sehr verehrten Damen und Herren,
ich begrüße Sie sehr herzlich zu den VI. Kueser Gesprächen hier im Kloster Machern.

Der österreichische Schriftsteller Robert Menasse hat ein Buch über die EU-Bürokratie (Der europäische Landbote) geschrieben. Auf mich wirkt das Buch wie eine Auftragsarbeit für eine Werbeschrift zur EU-Bürokratie. Aber es gibt in seinem Buch doch einen Aspekt, den ich außerordentlich bemerkenswert finde. Menasse führt aus, dass die Demokratien der europäischen Nationalstaaten „ein Produkt des 19. Jahrhundert"[1] sind und „wir im 21. Jahrhundert das 19. Jahrhundert endlich wirklich überwinden"[2] müssen. Diese Demokratien lassen sich auf supranationale Institutionen wie die EU nicht übertragen.

„Wir müssen dieses letzte Tabu der aufgeklärten Gesellschaften brechen: das unsere Demokratie ein heiliges Gut ist."[3]

Hans Magnus Enzensberger greift dieses Thema auf und schreibt dazu, dass das demokratische Defizit der EU kein Versehen ist, sondern das sich „Ministerrat und Kommission schon bei der Gründung der europäischen Gemeinschaft darauf geeinigt haben, dass die Bevölkerung bei ihren Beschlüssen nichts mitzureden hat."[4]

Und in diesem Zusammenhang stellt sich für mich auch die Frage, was die Bundeskanzlerin gemeint hat, als sie von „marktkonformer Demokratie" gesprochen hat oder um es korrekt zu zitieren „die parlamentarische Mitbestimmung so zu gestalten, dass sie trotzdem auch marktkonform ist [...].[5]

---

[1] Robert Menasse: Der europäische Landbote. Wien 2012, 36.
[2] Ebd. 98.
[3] Ebd.
[4] Hans M. Enzensberger: Sanftes Monster Brüssel. Berlin 2011, 52.
[5] Zit. nach: Jasper von Altenbockum: Marktkonforme Demokratie oder demokratiekonformer Markt in: faz.net vom 15.4.2012.

Dazu passt auch, dass die Tageszeitung „Die Welt" am 17. Mai 2018 einen großen Text von Thomas Schmid brachte mit der Überschrift „Die alte Demokratie ist dahin"[6]
Für mich gilt die demokratische Verfasstheit als ein grundlegender und unverzichtbarer Wert.
Theodor Heuss, der erste Bundespräsident hatte ein klares Bild von Europa. „Er sah den Kontinent auf drei Hügeln gebaut: Golgatha stehe für Frieden, die Akropolis für Demokratie und das Kapitol für eine Rechtsordnung. Jerusalem, Athen und Rom – diese Trias gab Europa seine kulturelle und religiöse Prägung."[7]

Meine Damen und Herren,
Europa oder besser die EU steht vor gewaltigen Problemen, an denen es zu zerbrechen droht. Diese Probleme als „gewisse Asymmetrien"[8] zu bagatellisieren, hilft uns allen auch hier nicht weiter.
Wir werden Europa in vielerlei Hinsicht neu denken müssen. Ich habe mich nur auf einen Aspekt – denjenigen der demokratischen Verfassheit – beschränkt. Im Kern wird es meiner Meinung nach darum gehen müssen, von einer Umverteilungsgemeinschaft zu einer Wertegemeinschaft zu kommen.
Der spanische Philosoph José Ortega y Gasset (1883 bis 1955) war schon zu seiner Zeit der Meinung, dass der Begriff Europa nicht primär auf eine geographische oder wirtschaftliche Einheit abzielt, sondern seinen Sinn aus der Existenz eines gemeinsamen Kulturbewusstsein bezieht, dass in seine Augen die europäischen Völker von je her verband.[9]
Und für Cusanus gilt, „dass eine in sich differenzierte friedliche Einheit Europas mit Blick auf Kultur, Religion und Staatengemeinschaft nur denkbar ist, wenn die drei Bereiche von Religion/Kultur, Staat und Wirtschaft untereinander in einem Verhältnis stehen, wel-

[6] Thomas Schmid, in: Die Welt, vom 17.5.2018.
[7] Gernot Facius: Die christlich-jüdischen Wurzeln der Bundesrepublik, in: Deutschlandfunk Kultur vom 20.10.2010.
[8] Bundestagspräsident Norbert Lammert Kueser Gespräche 2016.
[9] J. Ortega y Gasset: Europäische Kultur und Europäische Völker. Stuttgart 1954.

ches die jeweils eigenständige Entfaltung des anderen Bereiches erlaubt und respektiert."[10]

Meine Damen und Herren,
Europa darf nicht länger bejubelt werden. Europa muss kritisiert werden. Wer die EU will, muss sie kritisieren, konstruktiv kritisieren, muss sich einbringen, muss mit helfen, sie auf einen zukunftfähigen Weg zu bringen.

Mein Damen und Herren,
wir haben wieder zu den 6. Kueser Gesprächen hochkarätige Experten eingeladen, um über Europa, über Werte und natürlich über Nikolaus von Kues zu diskutieren.

Die Idee der Kueser Gespräche ist getragen von dem Gedanken, aktuelle kulturelle Fragen auf der Grundlage der Ideen des Nikolaus von Kues zu diskutieren, zu schauen, ob Nikolaus von Kues uns heute noch helfen kann, Antworten zu finden auf wichtige gesellschaftliche Fragen und Problemstellungen.

Ich freue mich sehr, dass es uns gelungen ist, Herrn Prof. Dr. Bernhard Vogel zu gewinnen.

Prof. Dr. Vogel ist der bis lang einzige Politiker, der Ministerpräsident zweier verschiedener Deutscher Bundesländer war. Als er mit seinem Bruder zusammen im Jahr 2007 den Leibnizring in Hannover verliehen bekam, hieß es in der Laudatio: „Auszeichnende Merkmale sind der integere Politikstil, kraftvoller, sachlicher unideologischer Auftritt und Toleranz." Soweit der Auszug aus der Laudatio.

Ich begrüße sehr herzlich Herrn Ministerpräsident a.D. Prof. Dr. Bernhard Vogel.

Herr Prof. Dr. Vogel, ich muss Sie eigentlich in Bernkastel-Kues, in Rheinland-Pfalz nicht wirklich vorstellen. Die Menschen sind Ihnen nach wie vor verbunden und Sie besitzen heute noch bei den Rheinland-Pfälzerinnen und Rheinland-Pfälzern eine hohe Wertschätzung. Nochmals herzlich willkommen.

Meine Damen und Herren,
ich begrüße auf dem Podium den Botschafter des Königreichs Belgien Ghislain D`hopp. Herr Botschafter, seien Sie uns herzlich willkommen.

---

[10] Harald Schwaetzer: Nikolaus von Kues – Ein Mentor für Europa. In: Coincidentia 9/1 (2018), 7-38, hier: 11.

Herr D`hopp hat auf einer Veranstaltung der Konrad Adenauer Stiftung über Europa gesagt: „Wir haben uns mittlerweile unheimlich gut organisiert – vielleicht zu sehr." Doch möglicherweise sei Brüssel für die Menschen Europas zu symbolisch geworden, „zu abstrakt, zu weit von den Leuten entfernt", nachdenkliche Worte. Aber der Botschafter hat bei einem Besuch im Goethe-Schiller Gymnasium in Jüterbog auch gesagt: „Man muss auch immer die lockere Seite des Lebens sehen." Eine Aussage, sehr geehrter Herr Botschafter, die an der Mosel – eine der bedeutendsten Weinbauregionen in Deutschland – gut ankommt.

Ich begrüße des Weiteren auf dem Podium Herrn Prof. Dr. Andreas Rödder. Herzlich willkommen, Herr Prof. Dr. Rödder.

Herr Rödder ist Professor für Neuste Geschichte an der Johannes-Gutenberg-Universität Mainz. Darüber hinaus ist Prof. Dr. Rödder der Musik sehr verbunden. Er ist unter anderem als Organist in verschiedenen Pfarreien tätig – so auch in Mainz.

In seinen vielgepriesenen Buch „ 21.0 – Eine kurze Geschichte der Gegenwart" gelang der Autor zu der These: „Die Wirtschafts-und Währungsunion hat sich, selbst wenn der Euro gerettet wird, mit Ihren ökonomischen institutionellen und politisch kulturellen Problemen als Fehlkonstruktion erwiesen."[11] Ein deutliche These, meine Damen und Herren.

Ich begrüße auf dem Podium sehr herzlich Frau Dr. Ursula Weidenfeld. Frau Weidenfeld ist Wirtschaftsjournalistin, Kolumnistin und Moderatorin in Berlin. Sie studierte Wirtschaftsgeschichte, Germanistik und Volkswirtschaft und wurde in Bonn mit einer Arbeit über die Wirtschaftspolitik in der Ära Adenauer/Erhard promoviert. Darüber hinaus wurde sie mit verschiedenen Preisen für Wirtschaftspublizistik ausgezeichnet.

Frau Dr. Weidenfeld schreibt in ihrem vielbeachteten Buch „Regierung ohne Volk": „die Quasi-Staatlichkeit Europas zerfällt nicht wegen der Unterschiedlichkeit der Staaten. Sie zerfällt, weil sie demokratisch nicht legitimiert is […] Eine bessere Demokratie zu wagen ist für die europäische Ebene überlebenswichtig."[12] Sie schreibt weiter: „Bürgermeister von Städten und Gemeinden haben in demokratischen Gesellschaften den anspruchsvollsten Job. Die Städte und Ge-

---

[11] Andreas Rödder: 21.0 – Eine kurze Geschichte der Gegenwart. München 2015, 338.
[12] Ursula Weidenfeld: Regierung ohne Volk. Berlin 2017, 256.

meinden haben den Schlüssel für ein besseres Zusammenleben von Staat und Bürger in der Hand."[13] Und der amerikanische Politikwissenschaftler Benjamin R. Barber meint: „Bürgermeister sind wahrscheinlich die größte Hoffnung für das Überleben der Demokratie weltweit."[14] Auch nachzulesen in „Regierung ohne Volk" von Frau Dr. Weidenfeld.

Ich weiß jetzt nicht, ob mich solche Aussagen froh stimmen sollen, oder ob das nicht eine gewaltige Bürde ist. Wir Bürgermeister als Retter der Demokratie. Wir sollten diese bedeutungsschwere Aufgabe einmal im Kreise der kommunalen Familie diskutieren. Sie ist ja fast vollständig heute Abend hier versammelt.

Ich begrüße sehr herzlich meine verehrten Kollegen, Joachim Rodenkirch aus Wittlich – der Kreisstadt Wittlich, Andreas Hackethal aus Morbach, Marcus Heintel aus Traben-Trarbach, die Erste Beigeordnete aus Thalfang, Vera Höfner, aus Wittlich-Land Dennis Junk und unseren ehemaligen Kollegen, Herrn Hans-Dieter Dellwo aus Thalfang.

Entgegen der Etikette habe ich mir erlaubt zuerst die Bürgermeister zu begrüßen, ich hoffe, die Damen und Herren Abgeordneten sehen mir das nach.

Ich begrüße aus dem Bundestag unsere Abgeordneten Peter Bleser und Patrick Schnieder und aus dem rheinland-pfälzischen Landtag, Frau Jutta Blatzheim-Roegler und Alexander Licht.

Alexander Licht ist in doppelter Funktion heute hier als Mitglied des Landtages und als Vorsitzender der Kueser Akademie für Europäische Geistesgeschichte. Und damit auch Mitveranstalter der Kueser Gespräche.

Ich begrüße Sie auch im Namen meines Kollegen, Herrn Stadtbürgermeister Wolfgang Port, nicht nur in seiner Funktion als Stadtbürgermeister, sondern auch als Mitveranstalter und als Mitglied im Vorstand der Kueser Akademie für europäische Geistesgeschichte und als Vorsitzender der Cusanus-Gesellschaft.

Für die wohlwollende Begleitung der Akademie durch die Sparkasse Mittelmosel Eifel-Mosel-Hunsrück bedanke ich mich bei dem Vorstand der Sparkasse namentlich bei Herrn Edmund Schermann, bei Herrn Eric Westerheide und bei Herrn Volker Knotte.

---

[13] Ebd. 265.
[14] Ebd.

Und ich begrüße den Vorstandsvorsitzenden der Sparkasse Wuppertal Herrn Gunther Wölfges ebenfalls sehr herzlich. Herr Wölfges hat von Anbeginn an, die Idee der Kueser Akademie und der Cusanus Hochschule vollumfänglich mit getragen.

Von Anbeginn an war die Konrad-Adenauer-Stiftung wichtiger Partner der Kueser Gespräche, und deshalb begrüße ich Herrn Karl-Heinz van Lier, den Landesbeauftragten der Konrad-Adenauer-Stiftung für Rheinland-Pfalz ebenfalls an dieser Stelle sehr herzlich. Herr van Lier wird gleich auch noch zu uns sprechen. Ich freue mich sehr drauf.

Als wissenschaftlicher Partner und Mitveranstalter begleitet uns die Kueser Akademie für Europäische Geistesgeschichte. Die Kueser Akademie hat zur wissenschaftlichen Vorbereitung der Kueser Gespräche wieder eine Ausgabe der Beihefte zu Ihrer Zeitschrift Coincidentia dem Thema gewidmet. Darin finden Sie die von Prof. Dr. Harald Schwaetzer und weiteren namhaften Autoren in Auseinandersetzung mit Nikolaus Cusanus formulierten Thesen, an denen sich das Hauptreferat orientiert und die der Diskussion zugrunde liegen. Auch Ihnen, Herr Prof. Dr. Schwaetzer, dafür ein herzliches Dankeschön.

Ich freue mich auch die kommissarische Präsidentin der Cusanus Hochschule, Frau Prof. Dr. Silja Graupe begrüßen zu dürfen. Gibt es doch ein intensives Miteinander zwischen der Cusanus Hochschule, der Kueser Akademie für Europäische Geistesgeschichte, der Stadt Bernkastel-Kues und der Verbandsgemeinde.

Ich begrüße – und inzwischen ja auch hinreichend bekannt bei den Kueser Gesprächen – den Moderator dieser Gesprächsrunde am heutigen Abend, Herrn Dr. Martin Thomé. Herr Dr. Thomé ist Wissenschaftsmanager und Past-Präsident der Cusanus Hochschule und hat schon mehrfach die Moderation im Rahmen der Kueser Gespräche übernommen.

Mein Dank gilt auch dem wissenschaftlichen Geschäftsführer der Kueser Akademie für Europäische Geistesgeschichte, Herrn Dr. Matthias Vollet für die gründliche Vorbereitung der Kueser Gespräche. In diesem Dank schließe ich auch meine Mitarbeiterinnen Frau Tanja Hauth und Frau Sandra Marx sowie die Mitarbeiterin von Alexander Licht, Frau Ina Bauer, die Mitarbeiterin von Wolfgang Port, Frau Petra Maxheim-Jansen, und alle anderen, die mitgeholfen haben, diese Veranstaltung zu realisieren, mit ein.

Für die musikalische Bereicherung des heutigen Abends sorgt das „Ensemble Bellouve" unter Leitung von Frau Rita Stork-Herbst. Frau

Stork-Herbst ist als Gesangslehrerin an der Musikhochschule in Münster und an weiteren Hochschulen national und international tätig.

Meine Damen und Herren,
es bleibt mir jetzt nur noch Ihnen einen interessanten und spannenden, einen aufschlussreichen Abend zu wünschen, und ich darf jetzt, bevor Herr Prof. Dr. Bernhard Vogel zu uns spricht, Herrn Heinz van Lier von der Konrad-Adenauer-Stiftung, um seine Begrüßung bitten.

Ulf Hangert, der Bürgermeister der Verbandsgemeinde Bernkastel-Kues, eröffnet die VI. Kueser Gespräche.

Vor den Kueser Gesprächen (von links nach rechts): Wolfgang Port, Stadtbürgermeister von Bernkastel-Kues, Alexander Licht, MdL, 1. Vorsitzender der Kueser Akademie für Europäische Geistesgeschichte, und Prof. Dr. Bernhard Vogel.

Blick ins Publikum während der Kueser Gespräche.

KARL-HEINZ B. VAN LIER

Begrüßung

Meine sehr verehrten Damen und Herren,
als jemand, der viele Jahre politische Bildungsarbeit in Rheinland-Pfalz betrieben hat und sich in wenigen Monaten in den Ruhestand verabschiedet, freue ich mich außerordentlich, dass sich die Kueser Gespräche einer so großen Beliebtheit erfreuen. Dieser Erfolg ist ohne Zweifel Ergebnis eines gediegenen Formats – das merkt man schon an der Einladung – und des Engagements hoch motivierter Kooperationspartner, auserlesener Experten, wie wir heute Abend wieder unter Beweis stellen – und natürlich von der Faszination, die von der Gestalt des Nikolaus von Kues ausgeht. Es sind großartige, ja herausragende Persönlichkeiten, die ihrer Zeit weit voraus waren, die uns heute wieder zusammentreffen lassen, um über ihr Erbe und ihre Botschaft für das Heute und das Morgen nachdenken lassen. Ähnlich überragend – in einer anderen Zeit natürlich – waren Konrad Adenauer oder in noch jüngerer Zeit, Ketteler – Sie kennen alle Bischof von Ketteler. Die Konrad Adenauer Stiftung widmet ihnen immer wieder Veranstaltungen und Foren, und zwar deswegen, weil sie bis heute Kultur und Politik unserer Zeit prägen. Es ist immer eine die Grenzen überwindende Kultur gewesen, die sie formuliert und damit Perspektiven eröffnet haben, und wenn wir heute ihrer gedenken, dann begeben wir uns auf ihre gedanklichen Pfade und verlängern sie in die Gegenwart und bis in die Zukunft.

Ein weiterer Grund, dass sich dieses Haus, Kloster Machern, heute wieder einen großen Zahl von Gästen erfreuen kann, ist die zu beobachtende zunehmende Nachfrage nach Veranstaltungen, die sich mit unserer Kultur, aber auch mit Fragen unserer politischen Orientierung befassen, und das hat natürlich seinen Grund auch darin, dass wir inzwischen sehr schnell zu einem Einwanderungsland geworden sind. Befremdlich ist aber, wenn eine Staatsministerin, bis März 2018 zuständig für Integration in Deutschland, davon spricht, dass sie jenseits der deutschen Sprache keine deutsche Kultur entdecken könne. Ich habe mich nicht nur darüber geärgert, dass sie eine derart törichte Behauptung formuliert, sondern auch darüber, dass ihr nur wenige Persönlichkeiten widersprochen haben. Aber wenn ich, wie jedes zweite Jahr, wieder hier her fahre, kann ich, bei Lichte besehen, ihr gar keinen Vorwurf machen, denn wir haben eine Begründung, dadurch dass wir selbst hier Kulturschaffende sind. Denn dann sind Sie, liebe Gäste, liebe Referenten, liebes Ensemble Bellouve hier in den ehrwürdigen Mauern von Kloster Machern, dann sind wir alle, die heute im Namen von Nikolaus von Kues für das heutige Europa nach verbindlichen Werten suchen, der Beleg dafür, dass die Behauptung von einer Abwesenheit einer Kultur keine Substanz hat. So gesehen wünsche ich dem heutigen Abend nicht nur neue Erkenntnisse, sondern auch die musikalische Verzauberung – und wir haben ja schon ein Stück davon gehört durch unser Ensemble – die auch Teil unserer Kultur ist. Mögen von diesem Ort noch viele Impulse ausgehen, die mit dem Namen von Nikolaus von Kues in Verbindung stehen und von kulturellem Aufbruch zeugen.

Ich danke für Ihre Aufmerksamkeit.

Karl-Heinz B. van Lier, Landesbeauftragter der Konrad-Adenauer-Stiftung für Rheinland-Pfalz und Leiter des Bildungswerks Mainz, bei seiner Eröffnungsrede

BERNHARD VOGEL

Europa als Werteordnung?
Das Erbe des Nikolaus von Kues

Sehr verehrter Herr Bürgermeister Hangert,
sehr geehrter Herr Bürgermeister Port,
sehr geehrter Herr Botschafter,
lieber Alexander Licht,
Frau Landtagsabgeordnete,
meine sehr verehrten Damen und Herren!

Herzlichen Dank für die Einladung!

Es bereitet mir Freude, dass die vor zehn Jahren initiierten *Kueser Gespräche* heute in dieser Form an diesem Ort ihre Fortsetzung finden. Dank an die Stadt und Verbandsgemeinde, an das Landesbüro der Konrad-Adenauer-Stiftung in Mainz und vor allem an Alexander Licht, dem 1. Vorsitzenden der Kueser Akademie für Europäische Geistesgeschichte e.V.

Es freut mich, und es ehrt mich, heute hier Gast sein zu dürfen. Denn für mich ist das eine Rückkehr in eine Stadt, die mir schon in meinen Mainzer Jahren von Anfang an ans Herz gewachsen war – wegen der Bewahrung des Erbes von Nikolaus von Kues. Schon als Kultusminister und später als Ministerpräsident war es für mich besonders, hierher zu kommen, beispielsweise 1980 zur Einweihung des Cusanus Geburtshauses. Es ist für mich eine Freude, dass inzwischen die Cusanus Hochschule entstanden ist und damit fortgesetzt wird, was zunächst in Mainz und an der Universität Trier begann, hier am Ursprungsort des Nikolaus von Kues. Ein besonderes Gedenken gilt Rudolf Haubst, der den Anfang initiiert hat.

Auch heute Abend geht es um das Erbe des Nikolaus von Kues, es geht um Europa, Europa als Werteordnung, im Programm steht dahinter ein Fragezeichen! Ich frage mich, ob sich die sorgenvolle Frage dahinter verbirgt: Ist Europa noch zu retten?

Gleich vorweg: Trotz aller Verwirrungen, trotz aller Sorgen, trotz aller düsteren Nachrichten dieser Tage und Wochen: Natürlich ist Europa noch zu retten, natürlich wird Europa gerettet werden, auch wenn das vielleicht noch mühsamer, noch langsamer, noch schwieriger geschieht, mit noch größeren Bedenken, aber die Krisen, die seit der Urkatastrophe des 20. Jahrhunderts, seit Beginn des ersten Weltkrieges bis 1945 in Europa zu bestehen waren, stellten Europa in der Vergangenheit vor größere Herausforderungen, als wir uns das gegenwärtig vorstellen. Wer die Schwierigkeiten der letzten Jahrzehnte in Europa überwunden hat, muss auch die Kraft aufbringen, um die Schwierigkeiten von heute und in der Zukunft zu überwinden. Besinnung tut not, um sich engagieren zu können, klare Zielvorgaben sind notwendig, Vorbilder sind gesucht.

Ohne Zweifel gehört Nikolaus von Kues zu diesen Vorbildern, als eine der beherrschenden Gestalten des 15. Jahrhunderts, an der Schwelle vom Mittelalter zur Neuzeit. Das 15. Jahrhundert war wie das unsrige ein Jahrhundert des Umbruchs wie der Aufbrüche, ein Jahrhundert großer Wandlungsprozesse, voller Ungewissheit und voller Furcht, aber auch voller Hoffnung.

Damals im 15. Jahrhundert hat die Entwicklung der Naturwissenschaften die Welt verändert – heute stehen wir vor den Herausforderungen der Gentechnologie. Damals hat die Entwicklung des Buchdrucks eine Revolution des Kommunikationswesens ausgelöst, heute verändern das Internet und die fortschreitende Digitalisierung die Art und Weise unseres Zusammenlebens.

Die Eroberung von Konstantinopel – 1453 – warf die Frage nach dem Umgang mit dem Islam auf. Eine Frage, die wir uns heute unter ganz anderen Verhältnissen wieder zu stellen haben.

Nikolaus von Kues – Karl Jaspers schreibt über ihn: „Cusanus war ein Deutscher, der früh Europäer wurde, seinen Mittelpunkt in Rom hatte, aber seine Herkunft nicht verlor".[1] Eine zutreffende Beschreibung cincs Mannes, der Europa tiefgreifender als die meisten seiner Zeitgenossen kennengelernt hatte. Die Stationen seines Lebens belegen das: Er studierte in Heidelberg und Padua, war in Köln, Trier und Rom tätig; nahm an den Beratungen der Kirchenversammlungen, der Konzilien, in Basel, Ferrara und Florenz teil; absolvierte im päpstlichen Auftrag Reisen nach Konstantinopel und durch ganz Deutsch-

---

[1] Jaspers, Karl: Nikolaus Cusauns. München ²1987, 16.

land; wurde vielerorts als Streitschlichter gefordert; wurde Fürstbischof des Bistums Brixen in Südtirol und starb als Kardinal 1464 im umbrischen Todi. Nikolaus von Kues wurde zum Gelehrten von internationalem Rang, zum Humanisten, zum Philosophen, zum Mathematiker, zum Naturforscher, zum Theologen, zum Mystiker. Als „Pförtner der Neuzeit" hat man ihn gelegentlich bezeichnet.[2]

Bei aller Weite seines Wirkens verbarg er niemals seine Herkunft aus Kues an der Mosel, wo er 1401 geboren worden war. Noch am Ende seines bewegten Lebens machte er das deutlich: Sein Leichnam wurde in Rom bestattet, sein Herz aber fand seinen Platz in dem von ihm gestifteten St. Nikolaus-Hospital hier in seiner Heimat, wo Greise ab 50 Jahren Aufnahme finden sollten. Auch seine wertvolle wissenschaftliche Bibliothek ziert bis heute seine Geburtsstadt.

Von Heimat zu sprechen ist heute wieder modern geworden, hat wieder Konjunktur, Ministerien in Ländern und im Bund führen das Wort neuerdings in ihrem Namen. Europäer zu sein, in europäischen Maßstäben zu denken, ist kein Gegensatz zur Bewahrung seiner Herkunft und zur Hochschätzung seiner Heimat.

Nikolaus von Kues war das immer bewusst. Er wuchs in den Zeiten des Großen Abendländischen Schismas auf. Er erlebte, wie sich drei Päpste in Rom, Avignon und Pisa um die Kathedra Petri stritten. 1453 vernahm er bewegt die Nachricht von der Eroberung Konstantinopels und befürchtete eine Bedrohung Europas durch das Osmanische Reich.

Frieden sichern durch Einheit – das ist das zentrale Anliegen der umfangreichsten Schrift des Nikolaus von Kues, die er 1433/34 während des Konzils von Basel verfasste: „De concordantia catholica". Nikolaus von Kues stand zunächst auf Seiten der Konziliaristen, die dem Konzil eine höhere Autorität als dem Papst, die ihm das letzte

---

[2] Vgl.: Haubst, Rudolf: Nikolaus von Kues – „Pförtner der neuen Zeit". Trier 1988.

Wort zu sprachen. Erst 1437 wechselte Kues zur Partei des Papstes, weil er sich von den zerstrittenen Konzilsbefürwortern keine Reform der Kirche erwartete. Er wurde zum, wie man ihn damals nannte, „Herkules des Papstes – wider die Deutschen". Für Nikolaus von Kues ist die Einheit der Kirche – die „concordia" – keine Negierung der bestehenden Unterschiede, sondern eine lebendige Vielfalt, aus der eine gemeinsame Übereinstimmung – eben concordantia – hervorgehen soll.

Wenn wir diesen Gedanken auf das Europa von heute beziehen, können wir da nicht Ähnliches feststellen? Gibt es nicht auch hier eine Vielfalt der Nationen, der Lebensverhältnisse, der Sprachen, der Sitten und Gebräuche, die eine höhere Einheit bilden? Eine Vielfalt, die ihre Übereinstimmung darin findet, Europa nicht erneut zum Schauplatz sinnloser Konflikte werden zu lassen.

Exemplarisch steht dafür die deutsch-französische Freundschaft. Aus jahrhundertelangen Konflikten, aus einer vermeidlichen „Erbfeindschaft" entstand das Bewusstsein, dass Frieden in Europa nur möglich ist, wenn Deutschland und Frankreich sich aussöhnen. Sie kennen die Bilder: Die Umarmung von Konrad Adenauer und Charles de Gaulle anlässlich der Unterzeichnung des Élysée-Vertrages 1963, oder der Händedruck von François Mitterand und Helmut Kohl 1984 über den Gräbern von Verdun. Bilder, die zum Symbol für die deutsch-französische „Erbfreundschaft" geworden sind. Sie zeigen eine aus gemeinsamer Übereinstimmung gewonnene Einheit, die zu einem Kernelement des europäischen Einigungsprozesses geworden ist.

Die Vielfalt Europas muss kein unüberwindliches Hindernis sein. Sie sollte vielmehr als Chance begriffen werden. Gerade wir Deutsche haben gelernt, dass der Föderalismus ein Erfolgsmodell sein kann, dass er die Einheit in Vielfalt am besten garantieren kann. Nicht ein Einheitseuropa, wo alle gleich sind! Nur ein föderativ geprägtes Europa wird die vielen unterschiedlichen Traditionen und Kulturen dieses Kontinents unter einem Dach vereinen können.

Wir sprechen nur selten von der Einheit der Europäischen Union, wir beklagen lieber die vermeintlichen Defizite. Der „Brüsseler Zentralismus", die „Überbürokratisierung" und „Überregulierungen" sind Stichworte dafür, deren ständige Wiederholung bei aller berechtigten Kritik im Einzelfall dazu beitragen, das europäische Projekt im Ganzen zu beschädigen.

Natürlich, Reformen sind notwendig, damals wie heute. Nikolaus von Kues stand vor ähnlichen Problemen. In „De concordantia catholica" setzt er sich äußerst kritisch mit dem Zustand des „Sacrum Imperium Romanum", des Heiligen Römischen Reiches Deutscher Nation, auseinander. Es sei von einer tödlichen Krankheit, nämlich dem Partikularismus der Fürsten, befallen, und es würde, wenn man keine Heilmittel anwende, unweigerlich zu Grunde gehen. Um das Reich zu stärken, empfahl Nikolaus von Kues unter anderem die Einrichtung eines stehenden Heeres und eines zentralen Steuersystems. Herr Macron und Frau Merkel können sich mit ihren aktuellen Vorschlägen auf ein großes Vorbild berufen. Hoffentlich sind sie nach 581 Jahren erfolgreicher als der große Sohn von der Mosel.

1440 vollendet Nikolaus von Kues seine Schrift „De docta ignorantia". Ebenfalls nicht ohne Einfluss und Bedeutung für uns heute und für den europäischen Friedensgedanken ist die Idee der „wissenden Unwissenheit", die im Zusammenspiel mit der „coincidentia oppositorum", dem Zusammenfall der Gegensätze, das Wissen um die Grenzen des Wissens beinhaltet. Unser Wissen ist keine Wahrheit, es ist niemals so genau wie die Wahrheit selbst, es verhält sich zur Wahrheit wie ein Viereck zum Kreis. Das heißt, das jede Überschreitung der Grenzen des bislang Gewussten neue Herausforderungen und neue Erkenntnisse mit sich bringt. Nach Nikolaus von Kues findet sich die Wahrheit allein bei Gott, in dem alle Gegensätze und Widersprüche zusammenfallen. Die Welt selbst, und damit auch wir Menschen, sind allerdings ein Abbild dieser – wie Kues es ausdrückt - „ungestaltbaren Welt". Mit einer solchen Auffassung des Menschen als Abbild des göttlichen Geistes legt Nikolaus von Kues das Fundament für die Idee der Menschenwürde und der Individualität, auf das später große Denker wie Thomas Hobbes, John Locke, Charles de Montesquieu oder Immanuel Kant aufbauen konnten. Sie alle versuchen, die Frage zu beantworten, wie eine humane Form des Zusammenlebens in Staat und Gesellschaft möglich ist und welche Bedeutung die Würde des Menschen dabei hat. Für Nikolaus von Kues ist das jedoch ohne Rückgriff auf das christliche Menschenbild nicht vorstellbar.

Ein anderer bedeutender Philosoph, der aus dieser Region stammt, Karl Marx, dessen 200. Geburtstag kürzlich nicht nur in seiner Heimatstadt Trier begangen wurde, negierte diese Sicht. Seine Auffassung vom Historischen Materialismus, der als Ziel der Geschichte eine klassenlose Gesellschaft Gleicher sieht, die durch eine „Diktatur des Proletariats" eingeleitet werden sollte, ist eine totale Absage an das Denken des Nikolaus von Kues.

Wo Nikolaus von Kues den Menschen als Abbild Gottes sah, setzte Karl Marx den Menschen an Gottes Stelle. Gleichzeitig war der Mensch jedoch nur als Mitglied seiner Klasse oder – wie von Lenin postuliert – der Partei von Bedeutung und verlor somit jeden Anspruch auf Individualität. Wer sich der Schaffung der neuen kommunistischen Gesellschaft widersetzt, widersetzt sich den in der Geschichte wirksamen Entwicklungsgesetzen, und kann daher bedenkenlos geopfert werden. Millionen Opfer der sich auf Karl Marx berufenden kommunistischen Regime in der Welt legen Zeugnis davon ab.

Ob es daher eine kluge Entscheidung der Stadt Trier war, das Geschenk einer Karl-Marx-Statue ausgerechnet durch die Volksrepublik China anzunehmen, sei dahingestellt. Wie wäre es, wenn wir der Volksrepublik China ein Denkmal von Nikolaus von Kues für den Platz des Himmlischen Friedens in Peking stifteten?

Von Novalis stammt der Satz: „Wo keine Götter sind, walten Gespenster"[3]. Wer Gott leugnet, droht dem Extremismus zu huldigen. Extremismus aber heißt, die eigene Meinung absolut zu setzen. Früher oder später werden andere Meinungen verboten. Nur noch wer die „richtige" Meinung, die richtige Ideologie, die richtige Religion vertritt, wer die richtige Hautfarbe besitzt, gehört zur Gemeinschaft – die anderen werden ausgestoßen. Jede Form von Extremismus widerspricht fundamental der Würde des Menschen.

Nur Gott ist Inhaber der absoluten Wahrheit. Daher muss der Mensch beständig reflektieren, ob die Überschreitung der Grenze, der er sich in seinem Wunsch nach Erkenntnis dieser Wahrheit annähert, ihn auch wirklich in diese Richtung führt und nicht eher von ihm weg. Ein guter Maßstab dafür ist die Menschenwürde. Die bis heute fort wirkende Leistung des Nikolaus von Kues am Übergang vom Mittelalter zur Neuzeit bleibt es, die Einzigartigkeit eines jeden Menschen in Bezug auf sein Wesen, seine Fähigkeiten sowie seinen Einfallsreichtum bekundet zu haben, den Menschen als „zweiten Gott".

---

[3] Novalis: Die Christenheit oder Europa (1799). In: Schriften. 3. Band: Das philosophische Werk II. Hrsg. v. R. Samuel. Stuttgart ²1960, hier 520.

Aus gutem Grund haben die Mütter und Väter unseres Grundgesetzes vor siebzig Jahren sich in der Präambel zu unserer Verantwortung zu Gott und den Menschen bekannt und „Die Würde des Menschen ist unantastbar" als unveränderbaren Kern unserer Rechtsordnung im ersten Satz des ersten Artikels des Grundgesetzes festgeschrieben.

Das war ihre Antwort auf die millionenfachen Gräueltaten des Nationalsozialistischen Regimes. Es ist bis heute der Leitsatz, dem sich jeder von uns und jedes Parlament und auch das Bundesverfassungsgericht zu unterwerfen hat. Dennoch sind wir immer wieder aufs Neue auf verschiedenste Weise mit der Fragestellung konfrontiert, wie dieser Satz zu interpretieren ist. Wo sollen wir etwa die Grenzen ziehen zwischen dem Nutzen und den Gefahren künstlicher Intelligenz? Wie weit ist Genmanipulation möglich und sinnvoll, um Ernährung und Gesundheit der Weltbevölkerung sicherzustellen? Wie gehen wir mit dem Schutz des Lebens am Anfang und am Ende um, mit dem ungeborenen wie mit dem alten und kranken Leben? Und schließlich: Was können, was müssen wir tun, um die Schöpfung zu bewahren und unseren Nachfolgern eine Erde zu hinterlassen, die noch immer lebenswert ist?

Die dahinter stehenden Fragen, wie die Würde des Menschen tatsächlich unantastbar bleiben kann, ist in unserer Zeit der raschen technischen, medizinischen und kommunikativen Revolution wichtiger denn je. Da auch Nikolaus von Kues in einer Zeit des Umbruchs und des technischen Fortschritts wirkte, kann gerade er uns Hilfe dafür sein, die notwendige Diskussion darüber zu führen, wie wir unsere Zukunft gestalten wollen. Dies gilt nicht zuletzt auch für den aktuellen Dialog der Kulturen, der Weltanschauungen und der Weltreligionen. Der Fall Konstantinopels 1453 inspirierte Nikolaus von Kues zu seinem „De pace fidei". In ihr beschäftigt er sich mit der Frage, wie die Religionen bei aller Verschiedenheit zu Einheit und Frieden gebracht werden können. Zur Versöhnung untereinander und zur Versöhnung mit Gott „Im Himmel der Vernunft die Eintracht der Religionen". Er konstruiert in seiner Schrift einen fiktiven Dialog der Völker über die Religionen. Für ihn liegt der Unterschied zwischen den verschiedenen Religionen alleine im Bereich der Riten. Letztlich verehrten doch alle, wie er sagt, denselben Gott.

Dem Islam, mit dem er sich intensiv auseinandergesetzt hat, billigt er einen gewissen Wahrheitsgehalt und darum seine Existenzberechtigung zu. Gegen Juden dagegen schreckte er vor rigorosen Maßnahmen nicht zurück. Zu ihrer Kennzeichnung sollten sie sichtbare Zeichen an ihrer Kleidung tragen! Antisemitische Äußerungen finden sich nicht nur bei Luther und Karl Marx, sondern auch bei Nikolaus von Kues.

Wenn die Menschen sich auf den einen wahren Glauben einigen könnten und nur die Riten unterschiedlich blieben, so Cusanus, werde es keinen Krieg und kein Blutvergießen aus religiösen Gründen mehr geben.

Obwohl Nikolaus von Kues mit dem eigenen wahren Glauben natürlich das Christentum meint und er unserer Vorstellung von Religionsfreiheit ablehnend gegenüber stehen würde, sind diese Aussagen dennoch, um mit den Worten des Philosophen und Historikers Kurt Flasch zu sprechen, ein „entscheidendes Dokument in der Entstehung des Toleranzgedankens". Nikolaus von Kues macht deutlich, dass Gespräche um die Bereitschaft zur Verständigung und Versöhnung die zentralen Bestandteile einer interreligiösen und der interkulturellen Begegnung sein müssen. Bis heute hat dieser Gedanke nichts von seiner Relevanz verloren, er wird auch in Zukunft von höchster Aktualität bleiben.

Nikolaus von Kues – ich meine, Karl Jaspers hat Recht – wurde „früh Europäer". Seine Reisen machten ihm die Größe und auch die Vielfalt dieses Kontinentes bewusst. Er wusste um die Unterschiede, aber auch um die Verbindung zwischen dem Heiligen Römischen Reich Deutscher Nation, dem sich zunehmend auf die eigene antike Vergangenheit besinnenden Italien und dem griechisch geprägten Konstantinopel.

Dass er die Eingebung zu seinem philosophischen Grundsatz, der „docta ignorantia", auf einer Reise von Konstantinopel nach Rom gehabt haben will, ist mehr als nur eine Anekdote.

Es ist der bewusste Hinweis auf das Erlebnis einer erneut aufgenommenen, wenn auch nur kurzlebigen kulturellen Verbindung zwischen dem Westen und dem Osten, also zwischen Konstantinopel und Rom, die sich unter anderem in einem umfangreichen Transfer bislang unbekannter Manuskripte und Abschriften antiker Werke von Ost nach West äußerte.

Nikolaus von Kues nahm schon damals Europa in einer gewissen Weise als Einheit wahr, in dem die Vielfalt der Völker im gemeinsamen christlichen Glauben und im christlichen Menschenbild ihre

Übereinstimmung fand. Menschenwürde und Individualität sind nicht nur Teil der langen Geschichte der abendländischen Philosophie, sie sind auch heute eine zentrale Grundlage des europäischen Einigungsprozesses. Über die Vielfalt der Kulturen und Konfessionen, der Auffassungen und politischen Überzeugungen der Menschen in Europa und darüber hinaus gibt es eine höhere Einheit, die diese Fundamente sichert. Europa ist daher mehr als „nur" ein Friedensprojekt. Es ist auch ein Projekt, das die Durchsetzung der allgemeinen Anerkennung der Menschenrechte in Europa nach dem Schrecken des Zweiten Weltkrieges und dem Zusammenbruch des Kommunismus sichern soll.

Und darum darf Europa nicht scheitern. Und darum darf Nikolaus von Kues nicht in Vergessenheit geraten. Es ist gut, auf unsere Grundlagen und gemeinsamen Wurzeln hinzuweisen und bei jeder sich bietenden Gelegenheit an sie zu erinnern. Aber dabei bedürfen wir es nicht belassen. Auch die Lebenswirklichkeit von heute darf nicht ausgeblendet werden. Diese Lebenswirklichkeit von heute ist in Sizilien anders als in Skandinavien, ist in Portugal anders als in Rumänien, ist in Deutschland anders als in Griechenland. Die Alltagssorgen der Menschen in Europa müssen bewältigt werden. Die Unterschiede sind nach wie vor groß und sie wachsen weiter. Vollbeschäftigung hier, hohe Arbeitslosigkeit dort, Wohlstand hier, Armut dort, unterschiedliche Vorstellungen, warum man arbeiten muss. In Süditalien muss man arbeiten, um zu leben, in Deutschland muss man leben, um zu arbeiten. Die Unterschiede sind groß und wachsen weiter, Europa-Skeptizismus, Nationalismus, Populismus sind in fast allen Mitgliedsländern auf dem Vormarsch. Die Lust daran, das Rad der Geschichte zurückzudrehen und das Gesicht vom Europa von Morgen abzuwenden, beherrscht viele Diskussionen.

Wie soll dieses Europa von morgen aussehen? Ein Staatenbund? Das ist mir zu wenig. Ein Staatenbund hat keine gemeinsame Währung und hat keine gemeinsamen offenen Grenzen. Ein Bundesstaat ist mir für die vor uns liegenden Jahrzehnte zu viel, weil die kleinen Mitgliedsstaaten der europäischen Union und mehr als die Hälfte der Mitglieder der EU nicht einmal die Größe eines mitteldeutschen Bundeslandes haben. Sie werden in mittelbarer Zeit zu Recht nicht auf ihre Eigenstaatlichkeit verzichten und sollen es auch nicht.

Nein, etwas Drittes, etwas Neues muss als Ziel gesetzt werden, das Bundesverfassungsgericht hat das vor einigen Jahren einmal als star-

ken Verbund bezeichnet. Das heißt, ein neues, bisher so nicht gekann-
tes Bündnis der Staaten, die gemeinsame Grundlagen, gemeinsame
Grundüberzeugungen, gemeinsame Zielvorstellungen haben und
trotzdem den eigenen Lebensvollzug nicht in Frage stellen.

Und wie soll der Friede für die Zukunft gesichert werden? Wenn
man sich auf den Großen Bruder jenseits des Atlantiks sich nicht mehr
verlassen kann, wie sichern wir dann Solidarität und Subsidiarität als
Bauelemente dafür, dass Europa nicht Gleichheit in Armut, sondern
Wohlstand in Freiheit als Ziel setzt? Es ist relativ leicht, alles gleich
zu verteilen, sodass niemand mehr etwas hat, um den anderen etwas
zur Hilfe zu geben. Der Heilige Martin ist heilig gesprochen worden,
weil er einen Mantel geteilt hat, aber er konnte ihn nur teilen, weil er
ihn hatte. Wenn man ihm den Mantel zuvor abnimmt, kann er nie-
mandem, der friert, mehr Wärme ermöglichen. Wir wollen nicht
Gleichheit in Armut, sondern Wohlstand in Freiheit. Fragen über
Fragen. Für die notwendigen Antworten wird nicht nur Nikolaus von
Kues, sondern auch die Kueser Akademie gebraucht. Aber, meine
Damen und Herren, für die notwendigen Antworten werden nicht nur
andere, sondern wird jeder von uns gebraucht. Jeder von uns sei auf-
gefordert, darüber nachzudenken und nicht zu fragen, ob die Antworten der anderen falsch sind, sondern: Habe ich eine Antwort, die sich
als richtig erweisen könnte? Herzlichen Dank.

Prof. Dr. Bernhard Vogel während seines Vortrags bei den VI. Kueser
Gesprächen.

Podiumsdiskussion

mit Herrn Botschafter Ghislain D'hoop, Frau Dr. Ursula Weidenfeld, Prof. Dr. Andreas Rödder; Moderation: Dr. Martin Thomé

Martin Thomé: „Europa als Werteordnung? Das Erbe des Nikolaus von Kues" – so lautet die Fragestellung des heutigen Abends. Vor zehn Jahren fanden hier an diesem Ort die ersten Kueser Gespräche statt, damals unter dem Titel: „Europa gestalten. Das Erbe des Nikolaus von Kues". Der Hauptredner von damals, Dr. Hans-Gert Pöttering, Präsident des europäischen Parlaments, machte deutlich, dass die Frage nach der geistigen Identität Europas und die noch zu gewinnende Antwort darauf entscheidend sein werde für das Schicksal Europas. Ich betone: der geistigen Identität, was für uns im Gespräch ein wichtiger Punkt werden wird und was ja im Vortrag von Prof. Vogel mehrfach anklang. Inzwischen sind zehn Jahre vergangen, in denen diese Frage nicht weniger virulent geworden ist, sondern in denen sie sich immer mehr zugespitzt hat und eine vernünftige und tragfähige Antwort auf sie immer wichtiger geworden ist: Schuldenkrise, Flüchtlingskrise, Bankenkrise, Entfremdung im westlichen Bündnis mit dem vorläufigen Höhepunkt kürzlich mit der Aufkündigung des Montrealer Abkommens durch den US-Präsidenten, wohlgemerkt per Twitter ... Die Krisen der letzten Jahre in Europa haben deutlich gezeigt, dass ein solches Fundament in Form einer geistigen Identität Europas offenbar nicht im Wortlaut von Abkommen, nicht in der systematischen Ordnung von Rechtssatzungen, nicht in der Regulierung ökonomischer Zusammenhänge allein gefunden werden kann. Denn all diese Ordnungen werden von den tatsächlichen kritischen – und das heißt: auf Entscheidung drängenden – Ereignissen in und um Europa regelmäßig überrollt, durchkreuzt, ad absurdum geführt. Und sie erweisen sich damit als verwiesen auf etwas Grundsätzlicheres, auf eine, ich möchte sagen, europäische Grundhaltung, im alten klassischen Sinne des Habitus, einer Haltung, die auf tiefere Schichten des Selbstverständnisses zurückgeht. Diese tieferen Schichten, die den Boden für die geistige Identität Europas bilden, benennt die Grundfrage des heutigen Gesprächs. Im Gefolge der Aufgabe, Europa zu gestalten, und im

Gefolge der Erfahrungen mit dieser Aufgabe in zehn Jahren fragen wir heute nach Europa als Werteordnung.

Wichtig ist mir dabei zum einen, dass es sich hier um eine Frage handelt. Also eine Sprachform, die ausweist, dass wir mit ihrer Formulierung eben noch nicht das Ergebnis haben, dass wir eben noch nicht behaupten, das, wonach wir fragen, klar zu kennen und im Griff zu haben, sondern dass wir einen Denkweg begehen wollen, um diese Frage zu klären. Zum zweiten ist mir dabei wichtig, dass wir bei diesem Nachdenken auf einen Denker zurückgreifen, der aus dem Abstand von bald 600 Jahren auf uns schaut und von dem wir gleichwohl, wie wir ja auch eben im Vortrag gehört haben, eine ganze Menge Anregungen erhalten können.

Entsprechend diesem Fragecharakter unseres Gesprächs soll dieses Gespräch nun nicht eine Art von Talkshow werden, bei der man sich gegenseitig noch im besten Fall Argumente an den Kopf wirft, wenn es denn am Ende noch Argumente sind. Ich möchte vielmehr einen Dialog initiieren – und zwar einen Dialog zwischen Ihnen dreien, die Sie mit Ihrer eigenen Expertise hierhergekommen sind; ich habe da wenig zu sagen. Sie selbst müssen jetzt ans Werk, die verschiedenen Perspektiven auf unsere Frage, die sich eröffnen, im Dialog zusammenzubringen, miteinander zu vertiefen.

Ich eröffne dies mit einer kleinen Bemerkung: Reden wir, wie die Frage es vorgibt, von Werten, und reden wir von Ordnung. Jan Phillip Reemtsma hat es vor zwanzig Jahren in einem Vortrag so formuliert: „Das Grundgesetz der Bundesrepublik Deutschland beginnt mit einem semantischen Unfug". Er meinte damit die Aussage: Die Würde des Menschen ist unantastbar. Er führt dann aus, sie werde doch ständig angetastet, sodass es Quatsch sei zu behaupten, sie sei unantastbar. Der Künstler Hermann Kassel aus der Eifel hat vor einiger Zeit einen Stempel kreiert, der, wenn man ihn aufdrückt, den schönen Satz stempelt: Die Würde des Menschen ist tastbar. Das heißt durchaus: greifbar, fühlbar, konkret – und nicht mit einer Bemerkung, sie sei Unfug, abzutun. Im Lissabon-Vertrag steht die Achtung der Menschenwürde an erster Stelle der Werte, auf die sich die europäische Union bezieht, und in einer Umfrage 2010 hat die Bürgerschaft der EU die Menschenwürde und die Demokratie an die erste Stelle der Werte gesetzt, für die Europa steht. Das ist der Ausgangspunkt, wenn wir über Europa als Werteordnung sprechen wollen, wie wir es damit halten, welches Gewicht diese Wertpriorisierung für uns und Europa hat. Das ist meine Eingangsfrage an Sie: Wie halten wir es mit dieser Würde des

Menschen? Von der man schließlich im Gefolge des Cusanus sagen kann, dass der Mensch darin eine Würde hat, dass er ein zukunftsoffenes, sich selbst gestaltendes Wesen ist.

Das Podium von links nach rechts: Dr. Martin Thomé, Herrn Botschafter Ghislain D'hoop, Dr. Ursula Weidenfeld, Prof. Dr. Andreas Rödder.

Botschafter Ghislain D'hoop: „Die Würde des Menschen ist unantastbar" ist eine moralische Aussage. Ob sie dann semantisch Unfug ist oder nicht, ist für mich kein Problem. Ein Problem wäre es, wenn diese moralische Aussage Gegner hat, die sagen: Die Menschenwürde ist antastbar. Hier hat das organisierte Europa, die Union, die wir jetzt haben, für sich selbst nach innen, aber auch nach außen, seinen Wert, eine Rolle und einen Auftrag. Und, wie Prof. Dr. Vogel gesagt hat, ist es unser aller Auftrag, nicht nur der dieses Panels oder der Gelehrten oder politisch Aktiven, sondern auch der jedes Bürgers. Es ist eine moralische Aussage, und das wissen wir auch deswegen, weil der Universalismus der Menschenrechte schon seit zwanzig, dreißig Jahren von bestimmten nicht europäisch-westlichen Akteuren bestritten wird. Ohne Namen zu nennen, können wir uns alle vorstellen, dass es Länder gibt in dieser Welt, die diesen Universalismus der Menschenrechte, der eigentlich schon dreihundert Jahre besteht, in Frage stellen. Die Menschenrechteordnung besteht meines Erachtens bereits vor der französischen Revolution, hat ihre Begründung in der christlichen Moral, ist dann politisch vertreten worden in Amerika 1776, in Frankreich 1789 und so weiter bis zur Menschenrechtskonvention 1948, zur Verfassung verschiedener Staaten von Europa und zur europäischen Verfassung. Diese dreihundert Jahre stellen für mich eine Ordnung dar, aber man muss sehen, dass diese Ordnung, dieser Universalismus außerhalb Europas wahrgenommen wird als auferlegt. Wir sind davon überzeugt, dass diese Werte universell sind und moralisch wichtig, aber das sehen nicht alle, das ist für mich ein ganz wichtiger Ausgangspunkt. Deswegen müssen wir uns die Frage stellen, diese moralische Hoheit, die wir eigentlich in uns haben: Sind wir bereit, die zu verteidigen, sind wir untereinander, diese 400-500 Millionen Europäer, alle damit einverstanden? Das ist eine interne Frage, die wir zunächst lösen müssen, bevor wir auf die Weltebene gehen.

Dr. Martin Thomé: Danke, das ist ein ganzer Strauß von weiterführenden Fragen, den Sie angesprochen haben. Darauf werden wir sicher zurückkommen. Aber zunächst Frau Weidenfeld.

Dr. Ursula Weidenfeld: Die Würde des Menschen ist unantastbar. Das ist ein Satz, der in Europa unbestritten ist. Bei anderen Grundrechten ist das schon anders. Nur demokratische Gesellschaften sollen Mitglied in der europäischen Union werden können, nur Gesellschaften, die die Unabhängigkeit der Gerichte respektieren, nur Gesellschaften, die Pressefreiheit, Redefreiheit, Versammlungsfreiheit respektieren. Diese Rechte sind nicht unbestritten. Hier ist die Frage entscheidend, aus welchem nationalen Kontext man sie betrachtet. Deshalb würde ich, wenn wir über Werteordnung reden, lieber über Ordnung als über Werte reden. Um Werte sind wir nicht verlegen, auf sie können wir uns immer wieder verständigen. Herr Vogel, Sie haben darauf hingewiesen, dass sich Europa auch an der Frage messen muss, wie unterschiedlich man Werte sehen kann und wie viel Transparenz man über sein eigenes Werteverständnis zulässt.

Wenn wir nicht nur Werte hochhalten würden, sondern die Ordnung gleichwertig betrachten könnten, also Europa als einen regelbasierten, nachvollziehbaren, rationalen Staatenbund erkennen wollen, sind wir an der Baustelle, die wir heute haben. Das wird zurzcit in Europa bestritten und muss neu ausgehandelt werden. Wenn es gelänge, sich auf die Regelgebundenheit souverän und neu zu verständigen, wäre das etwas, was Europa von allen anderen großen Blöcken der Welt unterscheidet. Dies könnte Europa vor allen anderen auszeichnen.

Dr. Martin Thomé: Vielen Dank Frau Weidenfeld, auch das sind natürlich eine Menge weiterführende Fragen, aber bitte Herr Rödder!

Prof. Dr. Andreas Rödder: Ich möchte gerne auf Ihre Frage nach der Identität zurückkommen und die Aussage, dass wir uns da auf einen Weg machen müssen. Ich glaube, dass wir das nie in einem voll umfänglichen Sinn erreichen werden. Wie lange etwa sprechen wir bereits über die Frage, was deutsch ist: Das fängt im frühen 19. Jahrhundert an mit Ernst Moritz Arndts *Was ist des Deutschen Vaterland?* und ist mit der Frage, ob der Islam zu Deutschland gehört, noch lange nicht beendet. Wir haben die Frage bis heute nicht beantwortet, Sie können höchstens noch fragen, was „am ehesten deutsch" ist. Dies wird für die europäische Identität genauso gelten. Dies ist auch bei allen Nationalismen so. Die Mitte dieser Empfindung ist nicht genau bestimmbar, und davon lebt sie auch. Man fühlt, dass da etwas ist, kann es aber nur näherungsweise und nie vollständig beschreiben.

Ich würde gerne anschließen: Was Europa angeht, sind wir an einem Punkt, an dem wir sagen können: Es sind fünf Dinge, die die europäische Ordnung ausmachen. Vor allem anderen ist es der Rechtsstaat. Dann ist es die Demokratie, über die Menschenwürde haben wir gesprochen, dann das Verhältnis der europäischen Staaten zueinander, was Sie auch angesprochen haben, Herr Vogel. Der entscheidende Fortschritt der europäischen Union liegt darin, dass Belgien, Luxemburg oder Polen heute nicht mehr Einmarschgebiete für benachbarte Großmächte sind, sondern Präsidenten europäischer Institutionen stellen. Man sagt zwar mit gewissem Recht, dass dieses europäische Friedensnarrativ sich im 21. Jahrhundert insofern erschöpft hat, als dass wir damit die Zukunft nicht gewinnen können, aber dennoch ist es ein Boden, auf dem Europa steht. Es kommt noch etwas hinzu: So unterschiedlich die sozialen und ökonomischen Kulturen in Europa sind, haben wir doch eine Grundvorstellung der Verbindung von Markt und sozialer Sicherheit, die die verschiedenen europäischen Modelle übrigens auch von den USA unterscheidet. Ganz entgegen dem, was man 1990 erwartet hat, als man von einem neuen Zeitalter der Demokratie, des Wohlstands, des Friedens und der Einheit träumte, ist die Welt stattdessen multipolar geworden. Wir haben heute, ich würde sagen, vier Gravitationszentren weltweit, die USA, Europa, Russland und China. Dennoch gibt es keinen Grund zur Selbstverzwergung. Europa ist eines dieser Zentren einer multipolaren Welt, und das, was ich vorhin gesagt habe, ist weder in Russland, noch in China, noch im Übrigen auch in den USA unumstritten und selbstverständlich. Ich finde, wenn Europa sich darauf bezieht, darüber Einigkeit bewahrt und sich damit stark macht, hat Europa eine Menge gewonnen. Das Entscheidende jedoch, um auf diese Werte zurückzukommen, ist zunächst, dass Europa sich innerhalb Europas darauf verständigt und dies Grundlage unserer Ordnung bleibt, während ich glaube, dass es eine fürchterliche Hybris des Westens war, nach 1990 zu meinen, dass man einen globalen Westen herstellen könne. Ich glaube, wir müssen aufpassen, dass wir nicht in die Hybris der europäischen Werte und auch der westlichen Werte geraten, sondern wenn wir die europäische Ordnung verteidigen und stabilisieren ist in der gegenwärtigen Lage der Welt schon genug gewonnen.

Dr. Martin Thomé: Vielen Dank. Ich möchte das, was Sie sagten, zu fokussieren versuchen, als Anwalt des Nicolaus Cusanus, als der ich hier auch sitze. Wie bei Herrn Vogel gehört, finden wir dort immer den Rekurs auf ein besonderes Verständnis vom Menschen. Mit Cusanus den Menschen zu denken versuchen heißt, jeden Menschen als ein sich durch eigene Kreativität gestaltendes zukunftsoffenes Wesen zu begreifen. Darin liegt eine spannende Ambivalenz, die Sie drei aus unterschiedlichen Perspektiven angesprochen haben: Sie haben alle einerseits den Gedanken der Ordnung deutlich gemacht, andererseits die spannungsvolle Vielfalt, die in der europäischen Ordnung herrscht. Ich habe jetzt gerade dieses Ding aus der Tasche gezogen, das ist der Globus Cusani des Globusspiels, der für Cusanus für den Menschen steht: den Menschen, der sich immer wieder, sich selbst entwerfend, in die Welt „hineinrollt" und dabei die gegebenen Ordnungen und Bahnen der Welt immer wieder durchkreuzt. Der Mensch hat keinen originären Platz in dieser Ordnung, die gleichwohl vorgegeben ist. Er muss immer wieder neu seinen Ort darin suchen, so wie diese eingedellte Kugel sich nicht vollkommen berechenbar bewegt. Darin zeigt sich das Spannungsfeld, das Sie eröffnet haben, das Spannungsfeld einer gegebenen Ordnung und gleichzeitig der Frage: Wie interpretieren wir Wertvorstellungen, Werthaltungen, die sehr unterschiedlich sind? Das als ein Gedanke, den ich Sie gleich zu verfolgen bitte, indem Sie ihre Ideen weiterspinnen. Herr Botschafter.

Ghislain D'hoop: Vielen Dank! Ich würde gern reagieren auf das von Ihnen erwähnte Wort „Identitätsbildung". Sie haben bereits eine Antwort gegeben mit der cusanischen Definition, bei der Kreativität im Zentrum der Dinge ist. Ich würde gern auf den Begriff der Identitätsbildung mit zwei Beispielen kreativer Symbolik eingehen, die meines Erachtens identitätsbildend sind, aber deren Bedeutung heute bei der Bevölkerung zu klein ist. Folgende zwei Beispiele: Die Montanunion war 1951 total revolutionär, ist aus einer Krise hervorgegangen. Was ist revolutionär an dieser Montanunion? Dass man wesentliche Produktionsfaktoren, die den Kern der Wirtschaft in Frankreich, Deutschland, Benelux ausmachen, auf eine supranationale Entität überträgt. Man überträgt die Souveränität über wesentliche Produktionsfaktoren für die Wirtschaft, für die Bewaffnung, auf eine hohe Autorität, das hieß damals noch nicht Kommission, sondern auf eine hohe Autorität, die noch weitgehendere Kompetenzen hatte als die europäische Kommission. Das ist für mich revolutionär und ist auch hoffnungsbildend; denn es zeigt, dass wir aus einer schrecklichen destruktiven Krise mit dieser Kreativität eine neue Gemeinschaft schaffen können, die aber von den Leuten auch getragen werden muss.

Ein zweites Beispiel ist der Versuch, den Leuten Symbole anzubieten, durch die sich die Leute damit identifizieren: Das sind die Euro-Banknoten. Wenn Sie heutzutage eine Euro-Banknote ansehen und mit D-Mark oder Belgischem Franc vergleichen, gibt es zwei wesentliche Unterschiede: Es steht kein Herrscher mehr auf diesen Banknoten, kein König. [Zwischenruf Frau Weidenfeld: Es steht Herr Draghi darauf!] Herr Draghi, da haben Sie völlig Recht! [lacht] Aber was steht darauf? Ich finde das sehr wichtig in diesem Ambiente hier, deshalb habe ich diese 20 Euro Note ausgewählt: Dort ist Gotik (einer Kirche) und Barock darauf, aber noch viel wichtiger: Brücken; und auf jeder Banknote, die wir täglich in unserer Tasche haben, tragen wir diese Symbole mit uns. Sind wir uns dessen bewusst? Das ist ein wesentlicher Schritt, die Verantwortung eines jeden Bürgers für die Gestaltung seiner eigenen Gemeinschaft. Und wenn uns das eben von Draghi [lacht] gesagt wird: „Bitte Brücken bauen! Bitte Frieden gestalten durch große Kreativität!", dann finde ich das wichtig, davon sollten wir in diesen schwierigen Zeiten mehr machen.

Dr. Ursula Weidenfeld: Ich tue mich immer etwas schwer, Menschenbilder wie das cusanische, die am Ausgang des Mittelalters revolutionär waren, heute zu verwenden. Wir leben in unglaublich freien Zeiten, man kann das Menschenbild nicht mehr verwenden. Die Ausgangssituation eines Nikolaus von Kues war eine völlig andere. Wichtig dagegen ist, sich klar zu machen, dass wir in einer ähnlichen Umbruchsituation leben. Herr Vogel, Sie haben es angesprochen: die Erfindung des Buchdrucks, die Entdeckung Amerikas, die Entwicklung der Naturwissenschaften. Im Bewusstsein, einen Epochenbruch zu erleben, ist die heutige Zeit sehr ähnlich. Sie stellt an das Individuum wiederum unbekannte Herausforderungen, vor denen man sich fürchtet. In einer solchen Situation Freiheit und Selbstbestimmtheit als

Glück zu empfinden, ist auch heute ein privilegierter Zustand. Dazu bedarf es intellektueller und materieller Sicherheit. Freiheit und Selbstbestimmtheit sind aber auf der anderen Seite die Voraussetzung dafür, man mit diesen Herausforderungen fertig werden zu können. So liegt in der Umbrucherfahrung eine Parallele, aber mehr würde ich das nicht strapazieren.

Prof. Dr. Andreas Rödder: Ich würde von Nikolaus von Kues vor allem zwei Dinge mitnehmen, die mir (kurzer Werbeblock) besonders klar geworden sind, als ich in der aktuellen coincidentia den Beitrag von Herrn Schwaetzer gelesen habe, von dem ich finde, dass er das sehr überzeugend klar macht. Das eine ist das, was Sie, Herr Thomé, vorhin ansprachen: Der Mensch als vor einer offenen Zukunft stehendes Wesen, einer offenen Zukunft, die gestaltet und erworben werden muss, und das gilt insbesondere für Werte. Das finde ich einen interessanten Gedanken, dass wir das bei Cusanus schon finden, dass es nicht die Ordnung der vorgegebenen ewig gleichen Werte gäbe. Die Menschenwürde ist kein Wert, der ein für alle Mal festgelegt ist: Das, was bei der allgemeinen Konfession der Menschenwürde 1948 unter „Menschenwürde" verstanden wurde, ist etwas ganz anderes als das, was die OECD heute unter „Menschenwürde" versteht. Selbst dieser vermeintlich so klare Begriff ist einer, dessen Inhalt und Bedeutung sich immer wieder verändert, über die man immer wieder diskutieren muss. Das heißt, dass eine Werteordnung immer neu zu gewinnen, immer neu auszuhandeln und immer neu zu diskutieren ist, weil es sich um einen offenen Prozess handelt. Das ist das eine, was ich wichtig finde, und verbunden damit das zweite, dass man eine solche Ordnung gewinnt, indem man eine dynamische Balance schafft zwischen Beliebigkeit auf der einen Seite und Fundamentalismus auf der anderen Seite, zwischen Rationalismus und Spiritualität. Das ist etwas, was ich ungeheuer wichtig finde, und zwar gegenüber allen Formen von Fundamentalismus, die wir auf verschiedenen Ebenen immer wieder finden. Das trifft sich mit meiner zentralen Erkenntnis als Historiker: Es gibt nichts Schlimmeres als eine Form von Selbstgewissheit, die nichts mehr in Frage stellt. Das gilt auch für die europäische Ordnung, da gibt es diese Gefahr auch: Die neuen populistischen Strömungen zielen auf eine ethnische Homogenität der Nation, die es so nie gegeben hat. Das ist die eine Form von Fundamentalismus, die Europa bedroht, es gibt noch eine andere Form von europäischem Fundamentalismus, dieser Fundamentalismus der immer engeren Union, die nur eine Richtung kennt: Vorwärts immer, rückwärts nimmer, hat das

Erich Honecker genannt. Und diese Vorstellung, dass dieses Europa sich nur in eine Richtung bewegen kann. Da muss man, wenn wir auf die europäische Integration schauen, doch sagen: Wenn wir die Bilanz der europäischen Union aufmachen, haben wir die großen Vorteile, die historischen Errungenschaften bereits genannt. Schauen wir aber auf die europäische Union der letzten fünfundzwanzig Jahre, muss man sagen, die europäische Währungsunion hat auf eine sträfliche Weise unterschätzt, wie unterschiedlich die Wirtschafts- und Rechtskulturen in Europa sind, die sich so einfach eben nicht haben vereinbaren lassen. Wenn Frau Merkel sagt, dass wir schneller die europäische Konvergenz herstellen müssen, ist das der Traum, dem der Euro vergeblich nachgelaufen ist, das hat ja gerade nicht funktioniert. Diese Konvergenz lässt sich eben nicht so einfach herstellen. Das andere Problem, vor dem wir gerade stehen, ist, dass die Übertragung von Hoheitsrechten auf die nationalen Grenzen nicht besonders gut funktioniert hat. Das Problem ist, dass die europäische Integration sich gegen Kritik immunisiert hat – übrigens mit solchen Sprachbildern wie dem vom europäischen Fahrrad, das man immer bewegen müsse, damit es nicht umfällt. Ein Radfahrer, der nicht bremsen kann, ist ein Verkehrsrisiko.

Dr. Ursula Weidenfeld: Aber Fahrräder können nicht rückwärts fahren.

Prof. Dr. Andreas Rödder: Aber man kann die Richtung ändern oder man kann mit einem Fuß auf den Boden kommen, und man muss es nicht immer in eine Richtung bewegen, um voranzukommen. Das Problem ist, dass die europäische Union dadurch Kritikfähigkeit und Korrekturbereitschaft verloren hat. Das ist eines ihrer Probleme. Da bin ich wieder bei der Offenheit ihrer Zukunft, vorhin war die Rede davon: Wir müssen über die Zukunft Europas diskutieren: Wo brauchen wir mehr Europa, wo brauchen wir weniger Europa? Wenn man mit dieser Haltung herangeht, wird man für die europäische Union wesentlich mehr gewinnen, als wenn man nur mit dieser Haltung: „Die EU hält in ihrem Lauf weder Ochs noch Esel auf" vorangeht.

Dr. Martin Thomé: Natürlich hinken alle Bilder, das vom Fahrrad und auch dieses von der Kugel hier. Ich würde nie diese Kugel oder das Fahrrad zu wörtlich nehmen wollen.

Prof. Dr. Andreas Rödder: Aber das Fahrrad ist politisch unglaublich wirkmächtig gewesen!

Dr. Martin Thomé: Ja, ich weiß, diese Kugel auch! Die Wirkung solcher Bilder ist nicht zu unterschätzen. Aber was man daraus meines

Erachtens noch als eine Essenz ziehen könnte, ist der Gedanke, den Sie anfangs formulierten, nämlich: Eigentlich haben wir es doch, wenn man von Werten und Ordnung redet mit höchst fragilen Gebilden zu tun. Und das hat Cusanus genauso verstanden; in welches Bild er das gekleidet hat, ist eine andere Geschichte. Wenn wir von Werten, von Ordnungen sprechen, haben wir es tatsächlich mit Gebilden zu tun, die nicht in Ewigkeit bestehen, Werte sind gerade von den Menschen abhängig, die sie vertreten und für sie eintreten. Diese Menschen sorgen dafür, dass die Werte Geltung erhalten. Ordnungen können einerseits ein enges Raster bedeuten und andererseits das, woran man sich klammern kann, wenn alles andere wegbricht. Das sind klassische Topoi.

Dr. Ursula Weidenfeld: Wir erfahren aber momentan nicht, dass die Ordnung standhält, wenn wir uns an sie klammern. Wir machen seit der Finanzkrise die Erfahrung – ich bin Wirtschaftsjournalistin, deshalb fallen mir vor allem Beispiele aus der Wirtschaftsgeschichte ein –, dass unsere Ordnungen nicht halten. Sie sind ganz offensichtlich unzulänglich, um die Herausforderungen, die eine solche Krise bringt, zu bewältigen. Wir sind aber auch nicht in der Lage, neue Ordnungen zu schaffen. Deshalb bewegen wir uns in Europa momentan in einem Konstrukt, wo die Ordnung immer wieder gedehnt, auch überdehnt wird. Weder in Europa noch in Deutschland aber können die Rechtsordnung so angepasst werden, dass sie die Gleichheit vor dem Recht, die Subsidiarität wieder herstellt. Ich glaube, dass darin eines der großen Risiken liegt. Es ist nicht so, dass Ordnungen noch das sind, was sie vorgeben zu sein.

Dr. Martin Thomé: Entschuldigung, dann habe ich mich falsch ausgedrückt: Ich wollte eher Herrn Rödder das Wort reden, dass gerade solche vermeintlichen Ordnungsgebilde, an die wir uns noch hängen, sich als Chimären erweisen, als etwas, das gar nicht so haltbar ist, wie es dargestellt wird.

Botschafter Ghislain D'hoop: Das vermeintliche „Ordnungsgebilde" des Fahrrads hat natürlich seine Fragilität, ebenso wie die Kugel bei Cusanus. Die Bremsidee hat auch offensichtlich eine Fragilität, denn wenn man bremst, stockt man entweder, oder man kehrt zurück, oder man hat einen schweren Unfall. Was Prof. Vogel gesagt hat, fand ich sehr interessant, Ihren dritten Weg, wenn ich das so sagen darf. Wir sind uns alle einig, dass die Brüsseler Kommissionsideologie und dieser Koloss, der sich ohne Rücksicht auf die Demokratie immer weiter bewegt, nicht mehr funktioniert. Man muss in der Tat die Menschen einbinden, deshalb habe ich auch über Symbole gesprochen. Ich glaube, wir brauchen eine „Abfahrt-Ideologie", weil die Krise, die wir jetzt haben – global, aber auch intern-europäisch –, eine sehr starke Krise ist. Wir brauchen alles, was uns hilft bei diesem europäischen Projekt, das kein einfaches, keine starke Union sein muss. Wenn wir jedoch nicht Hoffnung und Fortschritt kombinieren mit Realismus, sehe ich die große Gefahr, dass die Gegenkräfte schnell gewinnen werden. Wir müssen überlegen, ob wir das wollen. Es wird öffentlich gesprochen über das Zerbrechen der EU. Es wird gesagt, dass, wenn Italien eine Finanzkrise hat – wir kennen alle die Lage, das dazu führen könnte –, die Eurozone zerbricht. Deshalb müssen wir aufpassen, wenn wir über Gegenkräfte reden, dass wir diesen Gegenkräften etwas Anderes entgegensetzen. Dieses Andere hat uns sechzig oder siebzig Jahre lang nach dem Krieg bis zum Wohlstand gebracht. Das ist für ein kleines Land wie meins, in dem offene Grenzen wesentlich sind – ohne offene Grenzen zerbricht unsere Wirtschaft – sehr wichtig.

Dr. Ursula Weidenfeld: Ich habe mich auch gefragt, was das heißt, was Sie gesagt haben über Regeln und über die Frage, wie wir weiterkommen oder ob wir nicht auch einmal bremsen oder rückwärts fahren sollen. Was heißt das zum Beispiel für Italien? Dieses Land steckt in einer Schuldenkrise, die Europa Monaten herausfordert. Dort sitzt eine Regierung, die keine Lust auf Reformen hat, keine Lust auf Europa, und keine Lust auf die Regeln, die wir haben. Wir können dieses Land nicht vom Kapitalmarkt abschneiden, weil es noch keine Insolvenzordnung für europäische Staaten gibt. Wir haben keine Transfergemeinschaft, und wir haben keine Zentralbank, die uns das Problem noch einmal vom Hals kaufen könnte. Was machen wir denn dann, wenn darauf beharren: „Vorwärts immer, rückwärts nimmer!".

Prof. Dr. Andreas Rödder: Das sehe ich nicht so. Die Frage ist ja: Löst man die Krise durch das Prinzip: More of the same!, indem man mehr von dem macht, was bisher nicht funktioniert hat, oder sagt man mit dem ehemaligen deutschen Bundesverfassungsrichter Dieter Grimm: „Die Stärke der Union liegt in ihrer klugen Selbstbeschränkung." Wenn ich von einer Zielbeschreibung ausgehe, würde ich sagen: Das oberste Ziel ist es im Moment, die europäische Integration zu sichern. Das ist eine ganze Menge. Das kann im Zweifelsfall aber auch heißen, dass man, noch einmal Stichwort Fahrrad, ich würde da sagen, man bremst ja, um einen Unfall zu vermeiden –

Dr. Ursula Weidenfeld: Ja, aber wir sind schon auf der Kreuzung!

Prof. Dr. Andreas Rödder: – aber um vom Bild abzurücken: Ich habe den Satz „Scheitert Europa?" in einer konkreten historischen Situation verstanden, in der er vielleicht sogar richtig war, grundsätzlich gesehen ist er jedoch falsch. Dass sich Europa und die europäische Idee von der Währungsunion abhängig machen, ist ein ganz problematischer Zustand. Die Währungsunion, ebenso wie Griechenland, hätte wahrscheinlich ebenso davon profitiert, eine vernünftige Lösung außerhalb des Euros herbeizuführen. Und die Frage wird sich für Italien auch stellen. Diejenigen, die dann sagen, dass man ein Rührei nicht mehr in die Eierschale zurückbringen kann, nutzen auch wieder diese suggestiven Sprachformeln. Bevor irgendwelche Ökonomen ihre Bedenken erheben, dass das nicht geht: Wenn der Euro nicht funktioniert mit den Mitgliedsstaaten, die er hat, muss man ihn so verändern, dass er funktionieren kann. Diese Haltung der Alternativlosigkeit kann es ja nicht sein.

Dr. Ursula Weidenfeld: Ich frage mich nur: Eben haben wir gesagt, dass Werte immer in ihrer Zeit diskutiert werden müssen. In den nächsten Monaten müssen wir die italienische Währungskrise lösen. Und dann sagen wir: „Das mit der Währungsunion war eine schlechte Idee, wir lassen die Italiener aussteigen." Wir sollten bedenken: Wir haben im nächsten Jahr Europawahlen. Ebenso wenig, wie man Europa vom Euro abhängig machen darf, darf man den Euro von Europa abhängig machen. Wenn wir sagen, dass wir die Italiener aus dem Euro lassen, werden wir mit dem restlichen Euro eine enorme Aufwertung haben, wir sind dann pünktlich zu den Europawahlen hier in einer Wirtschaftskrise in Europa und müssen zusehen, wie radikale Parteien überall in Europa diese Europawahlen gewinnen. Ich bin, was den Euro betrifft, mit Ihrer Analyse ganz einig, ich frage mich nur: Ist der Preis dieser Konsequenz zu sagen, „es war falsch, wir beenden es jetzt"? Ist diese Konsequenz angemessen, wenn wir uns klarmachen, dass die Folgen davon möglicherweise den Schaden um ein Vielfaches übersteigen?

Dr. Martin Thomé: Ich möchte noch einmal Herrn Botschafter D'hoop das Wort geben. Sie haben vorhin in eine grundsätzlichere Richtung gedacht mit Ihren Worten, bevor wir uns auf die Frage, ob der Euro ein Fehler war oder nicht, beschränkten. Es ging um unsere Gesamtfrage – Wertegemeinschaft oder Werteordnung, die eine Unzufriedenheit hinterlässt – Sie hatten diese Richtung eben angesprochen.

Botschafter Ghislain D'hoop: Die Unzufriedenheit entstammt auch der Forderung, immer noch zum Punkt Währungsunion, dass

Währung den (Zentral)Bankern überlassen werden sollte. Draghi dagegen sagt, dass Währung nicht das einzige und auch nicht das wichtigste Instrument ist, womit wir die Zukunft Europas retten werden. In diesem Sinne – das soll nicht heißen, der Euro sei gescheitert – hat man sich zu sehr auf diese monetäre Seite beschränkt und zu wenig die Integration vorangetrieben. Man hätte zum Beispiel Frontex deutlicher ansprechen, die Schengen-Zone besser absichern können an ihrer Außengrenze, was jetzt alle, auch Merkel sagen. Wir sind so weit gegangen, wie wir konnten, müssen aber noch perfektionieren, was noch nicht gut funktioniert, Währungsunion ja, aber nicht nur, sondern auch Schengen, Außen- und Verteidigungspolitik. Dieses Konzept ist auch ganz im Sinne des Cusanus, dass man eine globale Gemeinschaft stiftet und erweitert. Dass man zum Wohle der Bevölkerung verschiedene politische Sparten voranbringt – ob man das nun Union nennt oder anders. Man könnte zukünftig die Union auch verbinden mit dem, was Macron vorschlägt: Engere staatliche Zusammenarbeit unter europäischem Dach, dort, wo es schwierig ist, dies auf Unionsebene zu tun. Das sind Hoffnungsträger für die Gestaltung unseres Europas. Es ist nicht unbedingt populär, was ich sage, aber wenn das nicht der Weg ist, kommen andere Herausforderungen auf uns zu. Ich möchte hier noch auf diese Herausforderungen zu sprechen kommen, das Wort „Trump" ist noch nicht gefallen. Die Selbstdarstellung und die Verteidigung von Interessen waren eines der fundamentalen Elemente der Gründung Europas, aber heutzutage wird dies auf andere Art verhandelt. Wo wir früher nicht nur mit der EU, sondern auch mit der NATO und den UN versucht haben, eine Weltordnung zu gestalten, müssen wir jetzt feststellen, dass diejenigen, die diese Weltordnung bestreiten, dies mit neuen, effizienten Kommunikationsmitteln wie Twitter tun. Ist damit Europa nicht mehr so interessant, müssen wir zum Streit mit dem Autokratismus bereit sein, mit den Mitteln des Autokraten. Das ist das Gegenteil von dem, was Cusanus versuchte, zu vermitteln.

Dr. Martin Thomé: Damit sind wir wieder bei der Frage nach den Werten, aber nicht nur nach dem, was zusammenhaltsfördernd ist, sondern nach dem, was ein europäisches Grundverständnis ausmachen könnte. Dieses liegt, wenn ich das recht verstanden habe, Herr Botschafter, jenseits der Frage: „Was bringt mir der Euro?" Daraus lässt sich gegebenenfalls eine Antwort auf diese Frage ableiten. Wir müssen also „Wert" noch einmal in einer grundlegenden Art und Weise fassen. Ich habe keine Idee, wie es konkret gehen sollte, aber vielleicht ist das eine Frage, die sich jenseits der Beunruhigung einmal zu stellen lohnt.

Prof. Dr. Andreas Rödder: Ich würde dazu sagen: So ganz beunruhigt bin ich nicht. Wir müssen aufpassen, dass wir die Krisenerfahrung von 2018 nicht in Zukunftsprognosen des Jahres 2030 übersetzen, wie wir 1990 die Erfahrungen des Ost-West-Konflikts in die Illusion des ewigen Friedens übersetzt haben. So wie damals nicht das ewige Paradies angebrochen ist, ist heute im Zweifelsfall auch nicht die ewige Hölle angebrochen. Die Infragestellung der Demokratie und des Rechtsstaats, die Sie ansprachen, ist historisch nichts Neues. Das haben die westlichen Demokratien durch die totalitären Herausforderungen des Nationalsozialismus und der bolschewistischen Sowjetunion in den dreißiger und vierziger Jahren auch erlebt. Im zwanzigsten Jahrhundert hat sich die westliche Demokratie immer als stärker erwiesen. Das heißt, diese Herausforderung der westlichen Demokratie ist nicht neu. Wenn wir auf den Rechtsstaat, die Demokratie, Menschenwürde, soziale Marktwirtschaft und den friedlichen Umgang der Staaten miteinander schauen – wenn ich als Historiker auf die Weltgeschichte schaue, ist das schon eine ganze Menge! Wenn man das, was man in Europa hat, stark macht, um es zu sichern, ist eine ganze Menge gewonnen. Das, was Europa errungen hat, zu sichern, ist ein positives Programm, das man jedoch, weil es keine ewige Ordnung gibt, immer neu aushandeln und immer wieder neu begründen muss. Aber begründen können wir es auch in einer multipolaren Welt gegenüber anderen Ordnungen. In China sind sie vielleicht effizienter – das haben die englischen und französischen Demokratien in den 30er Jahren über Hitlerdeutschland auch gesagt – aber sie machen das, was wir nicht wollen, in einer solchen Ordnung wollen wir nicht leben. Ordnungen definieren sich immer in der Auseinandersetzung mit und in der Abgrenzung von anderen, so ist jedes Nationalgefüge entstanden. Insofern liegt in der gegenwärtigen Situation auch eine Chance zur Selbsterkenntnis. Und wenn Europa sich nicht überhebt im Sinne einer globalen Mission, sondern das, was es errungen hat, sichert in der Auseinandersetzung mit dem, was sich außerhalb Europas entwickelt, liegt für Europa in der gegenwärtigen Krise auch eine Chance zur Selbstvergewisserung eines Modells, in dem wir alle noch am allerliebsten leben.

Dr. Ursula Weidenfeld: Da schließe ich mich vorbehaltlos an und unterschreibe jedes einzelne Wort; vielleicht müssen wir noch dazu sagen, dass gerade Deutschland keine Krisenerfahrung hat. Wir diskutieren hier über die Krisenerfahrungen der anderen. Deutschland bewegt sich ja seit Jahren in einem ständig wachsenden Wohlstand und Gemeinwesen und wir haben keinen Grund, zu klagen, schon gar nicht über Europa. Aber: die USA, Italien, aber auch Ungarn und Polen zeigen, wie rasant ein Konsens, den wir sicher glaubten, zerbrechen kann. Deshalb haben wir nicht nur die Aufgabe, zu überlegen, was wir von dem Erreichten verteidigen wollen. Wir müssen auch die eigenen Leute überzeugen und im Boot behalten. Da hat Deutschland eine ähnlich große Aufgabe wie andere Gesellschaften auch.

Dr. Martin Thomé: Herr Botschafter, Sie hatten das erste Wort auf meine erste Frage, Ihnen gebe ich auch das letzte Wort in dieser Runde.

Botschafter Ghislain d'hoop: Ich möchte gern versuchen, den Bogen mit Cusanus zu schließen. Ich glaube, eine der größten Herausforderungen für uns alle ist der Umgang mit Unsicherheit. Wenn ich mir hier die Delle in der cusanischen Kugel anschaue, dann kommt mir das Bild von Einsteins Relativitätstheorie vor Augen, das deutlich macht, dass es im Kosmos Unvollkommenheiten gibt und diese Raum und Zeit, unseren Kosmos erklären. Einstein ist nie mit der Quantenmechanik klargekommen. Und wenn wir jetzt in zehn oder fünfzehn Jahren nicht nur normale Rechner haben werden, sondern Quantenrechner, die mit Künstlicher Intelligenz machen werden, was wir nicht für möglich halten, dann glaube ich, dass wir uns wirklich darüber bewusst sein müssen, wie wir mit Unsicherheit und Unvollkommenheit umgehen. Meine große Befürchtung ist nicht, dass es mit Europa zu Ende geht oder Trump Herrscher der Welt sein wird, meine Befürchtung ist, dass wir als freie, gebildete Menschen mit unserem freien Willen Sklaven eines Künstliche-Intelligenz-Totalitarismus werden, der unser ganzes Leben bestimmen wird.

Europa, auch vor Cusanus, war immer auch ein Streit des freien Willens um Gestaltung, gegen Totalitarismus, ob von religiöser oder politischer Seite. Und es gibt viele schöne Beispiele, wo man zusammenkommt: In Berlin zum Beispiel wird das „House of One" neu gebildet, das Haus, wo die großen muslimischen, christlichen und jüdischen Traditionen zusammenkommen. Hier wird versucht, sich eine neue Sicherheit, eine neue Einheit zu schaffen, aber grundsätzlich müssen wir damit klarkommen, dass die Welt vom Unsicheren bestimmt wird und das ist für jeden von uns, ob in der Wirtschaft oder Politik, für die eigene Zukunft und die unserer Kinder und Enkelkinder ganz wichtig. Das ist viel wichtiger als das, was jetzt mit Europa geschieht, denn wenn wir der Unsicherheit nicht begegnen können, dann verlieren wir unseren freien Willen und so auch einen Teil unserer Menschenwürde.

Prof. Dr. Andreas Rödder: Damit haben Sie bereits das Thema der nächsten Kueser Gespräche.

Dr. Martin Thomé: Wir haben da ganz viele [lacht]. Um die Gedanken und Ideen, die hier im Gespräch nur ansatzweise angerissen werden konnten, weiter zu diskutieren, hätte ich große Lust, hier noch die nächsten Stunden mit Ihnen zu sitzen ...

Prof. Dr. Andreas Rödder: Wenn das Publikum das auch will ...

Dr. Martin Thomé: Dann müsste man noch Wein bringen! Ich möchte den Schluss finden mit einem kleinen Beispiel, einem Bild. Ich war die letzten drei Tage in Genf bei der Ratssitzung des CERN. Da sitzen 22 europäische Mitgliedsstaaten, die gemeinsam mit einem sehr hohen Aufwand – einem Jahresbudget von 1,2 Milliarden EURO, einer Menge Geld – eine Anlage betreiben, die dazu dient, eine Forschung zu machen, von der keiner weiß, ob sie irgendein Ergebnis bringen wird: jener Teilchenbeschleuniger, der 27 Kilometer lange Ring, mit dessen Hilfe man herausfinden möchte, aus welchen möglichen letzten Elementarteilchen das Standardmodell der Physik besteht oder eben nicht besteht oder ob es ein anderes Modell dahinter gibt und so weiter. Man forscht also am äußersten Ende der Physik, was man sich eben noch so vorstellen kann. 22 europäische Staaten finanzieren diese Forschung, von der erst einmal niemand sagen kann, was sie „bringt", wie man sie verwerten kann. Was ich hierbei immer wieder spannend finde: Die Diskussionen unter den 22 sind durchaus engagiert, auch einmal kontrovers, aber am Ende finden alle 22 Staatenvertreter zu einem Konsens, der auf folgender Idee beruht: „Wir schaffen mit dieser Institution einen Möglichkeitsraum für Freiheit, Forschung, Wissenschaft, die eben noch nicht weiß, was herauskommt, die nicht unter einem Nutzendiktat steht." Diese Idee der Schaffung eines Möglichkeitsraums ist meine Vorstellung – nicht jene, das CERN auf Europa zu übertragen – sondern: Die Idee, einen Möglichkeitsraum zu schaffen, in dem Freiheit und Umgang mit Unsicherheit und dem, was sich aus Unsicherheit vielleicht ergeben kann, möglich wird, die sollte man nicht fallen lassen. Das wäre meine Vorstellung, wenn wir von einer Werteordnung in Europa sprechen: Einmal eine Werteordnung verstehen als einen Ermöglichungsraum für Gestaltung von Freiräumen, die sich nicht vollständig dem Diktat von Nutzen und Verwertbarkeit unterwerfen müssen. Und damit bin ich wieder bei Cusanus, der die Gestaltung der Idee des Menschen in freier Selbstverantwortung in sozialer gesellschaftlicher Verantwortung aufgreift.

Prof. Dr. Andreas Rödder: Aber das Entscheidende ist, wenn ich das hinzufügen darf: Dafür muss man werben und es begründen, weil das alles keine Selbstverständlichkeit ist und man für diese Ordnung immer wieder eintreten muss.

Dr. Martin Thomé: Gut, das probieren wir und hoffentlich alle. Damit bedanke ich mich jetzt bei Ihnen hier auf dem Podium, für das engagierte Gespräch, für die vielen Aspekte, die Sie eingebracht haben. Ich wünsche Ihnen einen interessanten, von vielen Freiheitsmöglichkeiten geprägten Abend und eine gute, offene Zukunft.

Botschafter Ghislain D'hoop bedankt sich bei Prof. Dr. Bernhard Vogel für dessen Rede.

Literatur zu den „Kueser Gesprächen"

Dokumentation der Kueser Gespräche

Europa gestalten. Das Erbe des Nikolaus von Kues. Herausgegeben von Ulf Hangert, Bürgermeister der Verbandgemeinde Bernkastel-Kues, Wolfgang Port, Stadtbürgermeister von Bernkastel-Kues, und Karl-Heinz B. van Lier, Konrad Adenauer-Stiftung. Aschendorff Verlag, Münster 2008.

Der Frieden im Glauben – heute? Das Erbe des Nikolaus von Kues. Herausgegeben von Ulf Hangert, Bürgermeister der Verbandgemeinde Bernkastel-Kues, Wolfgang Port, Stadtbürgermeister von Bernkastel-Kues, und Karl-Heinz B. van Lier, Konrad Adenauer-Stiftung. Aschendorff Verlag, Münster 2012.

Bildung. Das Erbe des Nikolaus von Kues. Herausgegeben von Ulf Hangert, Bürgermeister der Verbandgemeinde Bernkastel-Kues, Wolfgang Port, Stadtbürgermeister von Bernkastel-Kues, und Karl-Heinz B. van Lier, Konrad Adenauer-Stiftung. Aschendorff Verlag, Münster 2014.

Gesellschaftlicher Wandel und soziale Teilhabe. Das Erbe des Nikolaus von Kues. Herausgegeben von Ulf Hangert, Bürgermeister der Verbandgemeinde Bernkastel-Kues, Wolfgang Port, Stadtbürgermeister von Bernkastel-Kues, und Karl-Heinz B. van Lier, Konrad Adenauer-Stiftung. Aschendorff Verlag, Münster 2015.

Gesellschaftliche Verantwortung für Europa? Das Erbe des Nikolaus von Kues. Herausgegeben von Ulf Hangert, Bürgermeister der Verbandgemeinde Bernkastel-Kues, Wolfgang Port, Stadtbürgermeister von Bernkastel-Kues, und Karl-Heinz B. van Lier, Konrad Adenauer-Stiftung. Aschendorff Verlag, Münster 2018.

ALEXANDER LICHT / WOLFGANG PORT

Schlusswort

Alexander Licht: Sehr geehrter Herr Prof. Dr. Bernhard Vogel, Herr Botschafter, meine Damen und Herren des Podiums, sehr geehrte Ehrengäste, meine Damen und Herren. Vor genau 10 Jahren sind wir mit den „Kueser Gesprächen" gestartet. Und Sie – Herr Prof. Dr. Vogel – waren damals zur Frage *Quo vadis, Europa?* Teilnehmer im Podium. Damals haben Sie sinngemäß gesagt: „Wir hätten über die Sinngebung Europas, seine Wertegrundsätze früher, im kleineren Kreis der Staaten längst nachdenken müssen". 8 Jahre später, auf den 5. Kueser Gesprächen, hat Bundestagspräsident Lammert vor zwei Jahren an dieser Stelle in einer durchaus kritischen Zeitanalyse gesagt, dass „der Entwicklungsprozess der europäischen Integration" – und er meinte denjenigen der Mitgliedstaaten – „durch drei große Asymmetrien gekennzeichnet sei: Die erste dieser Asymmetrien ist der Vorrang der Ökonomie vor der Politik, die zweite ist der Vorrang der Erweiterung der Gemeinschaft vor der Vertiefung, und die dritte Asymmetrie ist die Dominanz der Exekutive gegenüber der Legislative." Er entließ die Teilnehmer der 5. Kueser Gespräche in seinem Schlusssatz aber nicht ohne einen positiven Appell und dem Hinweis auf die individuelle Verantwortung des Einzelnen indem er sagte: „Bessere Möglichkeiten, unsere Zukunft eigenverantwortlich, frei, gemeinsam zu gestalten als jetzt, gab es auf diesem Kontinent nie. Wenn uns das nicht gelingt, haben wir keine Ausrede".

Dazu gehört Wissen, dazu gehört Diskussion, dazu gehört die Auseinandersetzung in Verantwortung um unser aller Zukunft. Ein Blick auf Cusanus, seine Ansätze, Grundlagen seiner Schriften kann dabei wertvolle Orientierung bieten. In dieser Reflexion schreibt Prof. Harald Schwaetzer in unserer Zeitschrift für europäische Geistesgeschichte „Coincidentia" in Vorbereitung der heutigen Gespräche, „im eigentlichen Sinne geht es um das alle großen Religionen, insbesondere die monotheistischen, gemeinsam beschäftigende Problem, wie ein Dialog mit dem Fundamentalismus aussehen könnte. Nun liegt es im Wesen des Fundamentalismus, dass man mit ihm nicht in einen Dialog treten kann. Infolgedessen verlagert sich die Blickrichtung. Fundamentalismus ist Ergebnis, Verursachtes, und es kommt darauf an, die Ursachen und den Werdeprozess zu verändern."

Dazu gehört das Denken und das Denken-Lernen, was auch den cusanischen Philosophie-Ansatz an der Cusanus Hochschule ausmacht. Es gilt die Ursache und auch den Werdeprozess zu verändern! So sah es zumindest Cusanus, als er 1453 mit dem Fall Konstantinopels konfrontiert wurde. Während nach der Eroberung Konstantinopels die Angst vor einem islamischen Terrorkrieg Europa durchzieht und überall nach Kreuzzügen und Rache gerufen wird –wohl kein der Gegenwart völlig unbekanntes Szenario. Nikolaus entwirft in seinem Werk „De pace fidei" („Über den Frieden im Glauben") die Perspektive „einer einzigen Religion in der Verschiedenheit der Riten". Seine Leitidee ist, dass die Religionskriege und überhaupt die Religionsprobleme darauf beruhen, dass man sich an den äußeren Formen und Denkgewohnheiten anderer Religionen störe, dass aber eigentlich die grundlegende Substanz in allen Religionen dieselbe sei. In dem fiktiven Dialog lässt Cusanus Vertreter aller bekannten Religionen und Länder in den Himmel entrücken und sich unter der Leitung Christi um einen ‚grünen Tisch' versammeln. Nun wollen wir Herrn Dr. Thome damit nicht in einen schwierigen Vergleich bringen ...

Aber spannend wäre schon, was unter der Leitung von Christus „Über den Frieden im Glauben" heute als Ergebnis zu erzielen wäre.

Dem tieferen Sinn des südafrikanischen Sprichworts: „Allein bist du schneller, doch gemeinsam kommst du weiter" sollten wir endlich eine europäische Entwicklungsdimension geben. Wir machen das auf unserer Ebene, und der Stadtbürgermeister Wolfgang Port übernimmt jetzt die Dankesworte.

Wolfgang Port: Wir dürfen uns deswegen bedanken bei Prof. Dr. Bernhard Vogel, dass er nach zehn Jahren erneut den Weg zu den Kueser Gesprächen in den Geburtsort des großen Philosophen und Kardinals Nikolaus von Kues gefunden und das heutige Impulsreferat im Rahmen der 6. Kueser Gespräche zum Thema „Europa als Werteordnung?" gehalten hat. Ganz herzlichen Dank, Herr Professor Vogel! Unser Dank gilt auch den Mitgliedern der heutigen Diskussionsrunde: Frau Dr. Ursula Weidenfeld, Herrn Prof. Dr. Prof. Dr. Andreas Rödder und Herrn Botschafter Ghislain d'Hoop. Ganz besonderer Dank gilt unserem Moderator Herrn Dr. Martin Thomé.

Dank auch an die Konrad-Adenauer-Stiftung, die diese Kueser Gespräche mitorganisiert und unterstützt hat.

Ein ganz besonderer Dank an Herrn Prof. Dr. Harald Schwaetzer, Gründungsfigur der Cusanus Hochschule und Vorstandsmitglied der Kueser Akademie für Europäische Geistesgeschichte, der auch in diesem Jahr die thematischen Impulse der Kueser Gespräche vorbereitet hat.

Dank an alle die an den Vorbereitungen und der Durchführung beteiligt sind und last but not least möchte ich im Namen aller bei dem Gesangsensemble Bellouve und seiner Leiterin, Frau Rita Stork-Herbst, für den musikalischen Rahmen der heutigen Veranstaltung einen herzlichen Dank aussprechen.

Und damit sind wir am Ende des heutigen Abends angekommen. Ich darf mich bei Ihnen allen ganz herzlich für Ihre Teilnahme und Ihr Interesse an den 6. Kueser Gesprächen bedanken. Wir freuen uns auch in diesem Jahr über den großen Zuspruch zu dieser Veranstaltungsreihe. Die „Kueser Gespräche" haben in der Auswahl der aktuellen Themen und bei der Auswahl der Teilnehmer offenbar wieder den Nerv unserer Zeit getroffen.

Freuen wir uns also in zwei Jahren auf die Fortsetzung der Kueser Gespräche wie immer zu einem anderen aktuellen Thema oder einer anderen Fragestellung von übergeordneter meistens europäischer Bedeutung aus dem Bereich der Kultur, Wissenschaft, Kunst, Wirtschaft, Politik oder Gesellschaft und wie immer auch mit Blick auf das geistige Vermächtnis des großen Philosophen und seiner möglichen Antworten und Handlungsperspektiven auf die wesentlichen und ungelösten Fragen und Probleme unserer Zeit.

In diesem Sinne – vielen Dank für Ihre Zeit und Ihre Aufmerksamkeit!

Stadtbürgermeister Wolfgang Port (links) und Alexander Licht, MdL, (rechts) Vorsitzender der Kueser Akademie für europäische Geistesgeschichte bei ihrem Schlusswort.

Die Hauptbeteiligten der VI. Kueser Gespräche

HARALD SCHWAETZER

Nikolaus von Kues – ein Mentor für Europa

Nikolaus von Kues steht an der Schwelle zur Neuzeit.[1] Wie kaum ein anderer Denker hat er für die kommenden Jahrhunderte philosophische, gesellschaftliche und naturwissenschaftliche Anregungen gegeben. Wenn die Menschen der Gegenwart, nach einem alten Wort des Mittelalters, immer als Zwerge auf den Schultern von Riesen der Vergangenheit stehen, dann ist der Philosoph und Kardinal Nicolaus Cusanus ohne Zweifel einer dieser Riesen.

Die folgende Darstellung möchte diesen Gedanken mit einem Blick auf zentrale Punkte in seinem Denken und wesentliche Anstöße seines Wirkens erläutern. Dabei will sie aber auch darauf aufmerksam machen, dass die Gegenwart nicht nur auf den Schultern des Riesen Cusanus steht, sondern dass es auch Einsichten und Ideen gibt, die nicht verwirklicht worden sind und die uns heute helfen können, einen kritischen Blick auf die weitere Gestaltung und Entwicklung unseres gesellschaftlichen und kulturellen Lebens im Ganzen zu werfen.

An der Gestalt und dem Denken des Nikolaus von Kues lässt sich die Wahrheit einer einfachen Einsicht erleben: Nur mit der Kenntnis der Geistesgeschichte ist Handeln in Geistesgegenwart möglich.

Nikolaus von Kues und das 15. Jahrhundert insgesamt erweisen sich für unser heutiges Leben in Kultur, Technik und Weltbild als die Zeit, in der wesentliche Weichen für unsere Gegenwart gestellt worden sind. Dabei ist es ein eigentümliches Phänomen, dass von dieser Zeit her vor allem bestimmte Ideen wirksam geworden sind, andere hingegen nicht. Und so kann man als eine These formulieren: Diejenigen Ideen, die im Beginn der Neuzeit einen einschneidenden Wandel verursachten, sind nur zu einem geringen Teil wirksam geworden; die eigentliche Aufnahme steht noch aus. Europa hat in bestimmten As-

---

[1] Der vorliegende Text stellt eine Reformulierung der Thesen zu den 1. Kueser Gesprächen dar. Er reflektiert damit auf seine Weise die vergangenen zehn Jahre und die Positionen, die innerhalb der Kueser Gespräche entwickelt worden sind. Er tut dieses in Form eines Essays; aus diesem Grunde wurde auf eine Auseinandersetzung mit wissenschaftlicher Sekundärliteratur an dieser Stelle verzichtet. Er wird hier wieder abgedruckt; zuerst erschienen als: Nikolaus von Kues – ein Mentor für Europa. In: Coincidentia 9 (2018), 7-38.

pekten und Möglichkeiten seine eigene Entwicklung verschlafen. An
Gestalten wie Nikolaus von Kues kann es aufwachen.

Ursprung und Gegenwart

Um diese These zu untermauern, sei in einem ersten Schritt darauf
verwiesen, welches grundsätzliche Verhältnis zwischen dem 15. Jahrhundert und unserem 21. besteht. Die mitteleuropäische Geistesgeschichte der vergangenen Jahrhunderte ist geprägt durch die dominan-
te Rolle der Naturwissenschaft und der Technik. Diese Vorrangstel-
lung kommt ihr aber erst seit der Zeit von Descartes zu. Die Geburt
der Naturwissenschaft hingegen fällt in eine Zeit, in welcher deren
Stellung noch ganz anders bewertet wurde. Das 15. Jahrhundert muss
als eine Epoche des Aufbruchs auf allen Gebieten verstanden werden.
Zentral ist die Entdeckung der Unendlichkeit, und zwar die Entdeckung der Unendlichkeit des Menschen mit seinem kreativen Vermögen und die Entdeckung der Unendlichkeit des Kosmos, die zu Kopernikus, Galilei und Newton, aber auch zur Infinitesimalrechnung
oder in der Kunst zur Zentralperspektive führt.

Für das 15. Jahrhundert basieren alle diese Unendlichkeiten auf
derjenigen des Menschen. Indem der Mensch sich als unendliches
Wesen erlebt, stellt er sich auch multiperspektivisch zur Welt. Die
frühe Neuzeit verstand Kunst, Wissenschaft, Religion oder Theologie
nur als unterschiedliche, aber gleichberechtigte Denkhorizonte oder
‚Blicke‘ des einen Menschen. Eine Hierarchisierung mit einem Primat
der Naturwissenschaft entstand erst später und ist weder konsequent
noch sinnvoll. Das Verständnis von Wissenschaft ist, wie vielfach
festgestellt worden ist, in den Jahrhunderten nach der Entstehung
derselben vereinseitigt und verkürzt worden.

Überblickt man die mitteleuropäische Geschichte, so wird deutlich,
dass die gegenwärtigen Probleme nicht zuletzt dem einseitigen Sieges-
zug einer bestimmten Wissenschaftsform entstammen. Dass wir heute
von einem „Anthropozän" sprechen, meint, dass die Natur einschnei-
dend als vom Menschen gestaltet zu gelten hat, dass die Menschheit
inzwischen in der Lage ist, die Natur, ja die Erde zu zerstören und Leben auf ihr unmöglich zu machen. Im 20. Jahrhundert wurde diese Gefahr nach den Atombombenabwürfen von Hiroshima und Nagasaki
zunächst als Fähigkeit, sich selbst als Menschheit auszulöschen, erlebt
und von Philosophen wie Günther Anders oder Karl Jaspers diskutiert;
der letztere hat ein eigenes Buch über Nikolaus von Kues geschrieben.

Inzwischen ist uns Menschen deutlich, dass es nicht einfach nur um eine Frage nach der technischen Beherrschbarkeit geht, sondern um eine Anforderung an einen inneren, kulturellen Sinneswandel, wenn Leben auf der Erde bestehen bleiben soll. Wir selbst müssen uns ändern, und nur wir können es tun – auf negative Weise holt uns damit die Beschreibung des Cusanus aus dem 15. Jahrhundert wieder ein, dass der Mensch freier Gestalter seiner selbst ist.

Versteht man die letzten Jahrhunderte als eine einseitige Entwicklung an sich berechtigter Ideale, die zu einer Verdrängung anderer berechtigter Ideale und Sprachen geführt hat, dann ergibt sich, dass das 15. Jahrhundert uns historisch wie systematisch in vielerlei Hinsicht an den eigentlichen Ursprungspunkt unserer gegenwärtigen Kulturepoche heranführt. Gerade die Übung, sich des europäischen Geistes zu erinnern, kann darum in entscheidendem Maße weiterführend sein.

Dabei ist die Besinnung auf Nikolaus von Kues exemplarisch. Denn er hat den neuzeitlichen Wissenschaftsbegriff und die – vergessenen – Wurzeln unserer Kultur wesentlich mitgeprägt. Er hat nicht nur als Vorläufer des Kopernikus in der Astronomie einen Namen. Er hat zwölf fachmathematische Abhandlungen geschrieben. Und er hat eine der ersten Wissenschaftstheorien der frühen Naturwissenschaft vorgelegt. Ein Blick auf ihn ist so zugleich ein Blick auf die produktiven, aber in ihrer Produktivität nicht vollständig zum Tragen kommenden Voraussetzungen unserer gegenwärtigen europäischen Kultur. Infolgedessen vermag die Besinnung auf den Denker von der Mosel auch für die Gegenwart fruchtbare Anregungen zu geben, um zu einem neuen Begriff von Wissenschaft und von Menschsein zu finden, der in gewisser Weise zugleich der für Europa ursprüngliche ist; ohne einen solchen hat die europäische Wissenschaftskultur sich immer mehr in unfruchtbare, voneinander und vom Leben abgesonderte Spezialdisziplinen entwickelt.

Europäische Einigung

Nachdem deutlich ist, dass Nikolaus geschichtlich an entscheidender Stelle steht, sei in einem nächsten Schritt auf seine politische Lebensleistung geblickt, um die europäische Dimension seines Wirkens deutlich werden zu lassen.

Cusanus gehört zu den Architekten der unter dem Namen Wiener Konkordat (1448) bekannt gewordenen Einigung Europas, und er ist auch eine der treibenden Kräfte der kurzfristigen Aussöhnung von

Ost- und Westkirche, die nach der Trennung der Kirchen im Jahr 1054 kurz zuvor erfolgte, freilich bald erneut und bis heute zerriss. Mit Blick auf seine Schrift Über den Frieden im Glauben (1453, im Jahre des Falls von Konstantinopel, geschrieben) lässt sich feststellen, dass er das Miteinander von Religionen, Kulturen und Staaten als eine in sich differenzierte Einheit darstellt. In der Schrift stellt Cusanus sich in einer Art inneren Vision vor, wie sich die Vertreter aller Religionen und Länder (weit über 20 lässt er zu Wort kommen) an einer Art „runden Tischs" in Jerusalem treffen, um unter dem Vorsitz Jesu Christi bzw. von Petrus und Paulus über einen Religions- und Weltfrieden zu sprechen – einen Frieden, der nur möglich wird von einer kulturellen Einigung her. „Eine Religion in der Verschiedenheit der Riten" lautet die zentrale Formel.

Nikolaus denkt den Weltfrieden zwar vor allem von der kulturellen Seite her, allerdings macht er in der Schrift darauf aufmerksam, dass die Probleme der Religion und der Kultur auch daraus resultieren, dass die Menschen aufgrund der Zeit und Arbeit, die sie für den Erwerb des Lebensunterhaltes aufwenden müssen, gar nicht dazu kommen, sich über ein kulturelles und religiöses Miteinander Gedanken machen zu können. Die Ökonomisierung der Lebenswelten, um einen heute gebräuchlichen Terminus zu verwenden, hat also zur Folge, dass keine Zeit bleibt, sich den eigentlichen Menschen verbindenden, geistigen Bezügen und Ideen zu widmen. Man kann aus der Autonomie des Kulturellen und Religiösen gegenüber dem Wirtschaftlichen auch eine Kritik des Cusanus lesen: Unterschwellig macht er deutlich, dass eine in sich differenzierte friedliche Einheit Europas mit Blick auf Kultur, Religion und Staatengemeinschaft nur denkbar ist, wenn die drei Bereiche von Religion / Kultur, Staat und Wirtschaft untereinander in einem Verhältnis stehen, welches die jeweils eigenständige Entfaltung des anderen Bereiches erlaubt und respektiert.

Erinnern wir uns an die jüngere Vergangenheit: Die Europäische Union ist als Wirtschaftsgemeinschaft gestartet. Sie unterliegt nach wie vor der Gefahr, dass sich ihr Sinn wesentlich im „Euro" erschöpft. Diskussionen um Werte werden geführt, eine europäische Sozialethik, die Menschenrechte etc. werden beschworen, aber eine Entscheidung über den Verbleib Griechenlands in der EU war wesentlich eine Wirtschaftsentscheidung, keine moralische oder auf Werte bezogene.

Noch einmal ein konkreter Blick auf das Denken des Cusanus: In seinem wichtigen Erstling, der Schrift „Von der allgemeinen Eintracht" / „De concordantia catholica", auf deren Kontext weiter unten eingegangen wird, entwickelt der junge Cusanus in der Einleitung zum dritten Buch den zutiefst demokratischen Gedanken: „was alle angeht, muss auch von allen gebilligt werden". Die Idee einer Volkssouveränität, wie sie kurz vor ihm auch schon der Philosoph Marsilius von Padua mit einer ähnlichen Begründung entwickelt hatte: diejenigen, die etwas angeht, wissen auch zumeist am besten, was ihnen frommt, wird hier unmissverständlich formuliert, und zwar nicht einfach als Demokratie-Idee, sondern als ein Urteilsvorgang einer engagierten und betroffenen Gemeinschaft. Es geht Cusanus also eher um eine Form direkter, qualitativer Demokratie als um ein formales Verfahren, in dem alle auch über das abstimmen, was sie nicht betrifft. In der gleichen Schrift entwickelt Cusanus ein Verfahren für freie, gleiche und geheime Wahlen anhand des damaligen Königswahlrechtes durch die Kurfürsten – gewiss nicht der Inbegriff von Demokratie aus heutiger Sicht, aber Nikolaus denkt dabei bis ins Konkrete: gleiche Stimmzettel, gleiche Stifte etc. Eine Idee denken heißt für ihn auch immer, sie bis in ihre Konkretheit zu denken. Den Satz zu denken, es wird etwas von denen entschieden, die es angeht, hieße, das Wagnis Demokratie neu einzugehen.

So kann Nikolaus von Kues als Politiker, Demokrat und gesellschaftlicher Philosoph ohne Zweifel als einer der wichtigsten Anreger für ein neuzeitliches Europa gelten.

Biographie

Schauen wir nach dieser Einführung in den Europäer Nikolaus auf Leben und Lebensleistung des Kueser Kardinals! Geboren in Kues als Sohn der Familie Kryftz im Jahre 1401, wuchs Nikolaus in einer begüterten Familie auf; der Vater war ein vermögender Moselschiffer, der den Adeligen im Umland, vor allem den Grafen von Manderscheid, Geld lieh; von der Jugend des Cusanus wissen wir weiter nichts. Wir finden ihn aber 1416 an der Universität Heidelberg immatrikuliert. Es waren stürmische Zeiten: Nur ein Jahr zuvor war Johannes Hus auf dem Konzil in Konstanz verbrannt worden. Die Reformation der Kirche, Papst, Gegenpapst, Konzilien – diese Themen beherrschten das politische Klima in Mitteleuropa.

Auf diese Bühne wollte der junge Nikolaus von Kues: Bald verlässt er Heidelberg und geht nach Padua in Italien. Die dortige Universität war eine der renommiertesten im Fach des Kirchenrechtes, und dieses musste man studieren, wenn man Karriere machen wollte.

Cusanus schließt sein Studium 1423 mit dem Doktortitel im Kirchenrecht ab.

Heimgekehrt studiert er zunächst noch Theologie in Köln, ist in dieser Zeit aber bereits als Jurist tätig, und zwar so erfolgreich, dass die neu gegründete Universität in Löwen ihm einen Lehrstuhl anbietet. Doch der Ehrgeizige lehnt ab: Er will in die Politik, nicht an die Universität. Gleichwohl dokumentiert diese Episode, dass er bereits in jungen Jahren gute Beziehungen nach Burgund hat. Derselbe Burgunderherzog, bei dem Jan van Eyck Hofmaler und Diplomat ist, ist der Gründer der Löwener Universität. Später, 1453, wird Cusanus Rogier van der Weyden als größten Maler der Zeit benennen – van Eyck ist bereits gestorben. Diese Kontakte in den Raum der flämische Malerei sind für die Entwicklung der cusanischen Philosophie nicht unwichtig gewesen, wie wir noch sehen werden.

Wieder in seiner Trierer Heimatregion, wird er 1430 Sekretär des Grafen von Manderscheid. Dieser bewirbt sich darum, Bischof von Trier zu werden, aber es gibt Gegenkandidaten, und Streit zeichnet sich ab. Der Graf beauftragt seinen Sekretär, seine Interessen auf dem Konzil von Basel (seit 1431) zu vertreten. Nikolaus geht 1432 nach Basel, aber dort interessiert ihn viel mehr die große Politik: Das Konzil debattiert vor allem die Frage, ob Papst oder Konzil das letzte Wort in der Kirche zu sprechen haben. Cusanus avanciert schnell zum führenden Kopf der Konzilspartei. Sein Studienfreund Cesarini ist Präsident des Konzils, rasch öffnen sich dem begabten jungen Politiker die Türen. Er schreibt 1433/34 sein erstes großes Werk De concordantia catholica (Über die allgemeine Eintracht), auf das wir schon hingewiesen haben.

Doch dann kommt alles anders: Als Cusanus sieht, dass die Konzilspartei zu keinem Ergebnis kommt, dass sie sich in endlosen Sitzungen und Diskussionen verliert, wechselt er in einer entscheidenden Abstimmung 1436 überraschend die Seite. Der Papst dankt ihm diesen Schritt und weiß, wen er an seiner Seite hat. Die folgenden 12 Jahre sind geprägt von einem rastlosen Einsatz.

Was Cusanus erreicht, macht ihn zu einem bedeutenden Politiker der europäischen Geschichte in der frühen Neuzeit. Im Zuge seiner diplomatischen Unternehmungen gelingt es ihm, natürlich im Verbund mit anderen, eine Einigung zwischen der katholischen bzw. abendländischen Kirche und der Ostkirche zu erreichen. Zwar währt die auf dem Konzil von Ferrara und Florenz ausgehandelte Einheit – wie erwähnt – nicht lange, aber immerhin ist es das einzige Mal in der Geschichte, dass sich die beiden großen Kirchen wieder geeint haben.

Außerdem kann man ihn als Vorvater eines geeinten Europas bezeichnen. Als ‚Herkules des Papstes wider die Deutschen‘, wie er genannt wurde, reist er an die Fürstenhöfe des Deutschen Reiches und überzeugt die Fürsten nach und nach, auf die Seite des Papstes überzutreten. Das Ergebnis bildet das Wiener Konkordat von 1448, welches Papst und Kaiser aussöhnt und das Deutsche Reich wieder eint. Damit ist eine Vorform einer Europäischen Union gegeben, spielt doch der Europa-Gedanke in dieser Zeit unter den Politikern und Philosophen eine beachtliche Rolle.

Nicht zuletzt aufgrund seiner politischen Leistungen wird Cusanus 1448 öffentlich zum Kardinal erhoben; die feierliche Erhebung erfolgte 1450. Der Papst beauftragt ihn, das auf das Wiener Konkordat folgende Jubeljahr (1450) zu verkünden. Wieder einmal reist Nikolaus, jetzt als Kardinal und päpstlicher Legat, durch Europa, vor allem durch Deutschland und die Niederlande, und ihm gelingen Friedensschlüsse unter Streitenden.

Nikolaus von Kues steht auf der Höhe seines politischen Ruhmes: Als einziger Deutscher unter Italienern und als einziger Bürgerlicher unter Adeligen ist er ein weißer Rabe an der Kurie, wie ein Zeitgenosse vermerkt. Gegen Ende seines Lebens sollte Nikolaus noch zum Stellvertreter des Papstes avancieren.

Doch zunächst geht er nach Brixen; denn er war vom Papst gegen den Widerstand des dortigen Klerus als Bischof – und damit auch als Reichsfürst – der Tiroler Stadt bestimmt worden. Wir schreiben das Jahr 1452: Leonardo da Vinci ist eben geboren, und Johannes Gutenberg druckt zum ersten Mal die Bibel. Der Bischof von Brixen tritt ein schwieriges Amt an: Der Klerus in Brixen will den Fremden nicht, das Bistum ist heruntergekommen, der Herzog Sigismund von Tirol hat sich zahlreicher Ländereien bemächtigt. Mit der ihm eigenen Strenge geht der Bischof an die Reform, doch überall stößt er auf Widerstand, bis dahin, dass der Herzog ihn im Handstreich gefangen nehmen lässt und ihn zwingt, eine Verzichtserklärung zu unterschreiben. Nur wenige Jahre später verlässt Cusanus sein Bistum, um es nie wieder zu betreten. Seit 1458 ist der Freund des Cusanus, Ennea Silvio Piccolomini, als Pius II. Papst. 1460 ruft er Cusanus an den Hof: Dort kann und soll Cusanus seine Fähigkeiten in einer Reform der Kurie unter Beweis stellen, den Papst vertreten und ihm bei der Organisation des Kreuzzuges helfen. Während die letzte Aufgabe nicht im Sinne des

Cusanus ist, verzweifelt er an der ersten geradeso, wie er in seinem Bistum gescheitert ist. Sein Reformentwurf, der u.a. eine Art Evaluation des Papstes durch ein unabhängiges Gremium und ein kleines permanentes Konzil vorsieht, verschwindet in den Schubladen; erst das zweite vatikanische Konzil verfolgt ähnliche Ideen. 1464 stirbt Cusanus in Todi.

Ein weiteres Reformprojekt, dem sich Cusanus in den letzten Jahren seines Lebens widmet, darf nicht unerwähnt bleiben; über seine Bedeutung wird noch zu reden sein: die Gründung des St. Nikolaus-Hospitals in seiner Heimat Kues, eines Armenhospitals, das eine der ältesten ununterbrochen bis heute arbeitenden Sozialeinrichtungen Europas ist.

An dem kurzen Lebensüberblick wird deutlich, wie Nikolaus die Einheit der Kirche, die Einheit Europas und die wirtschaftlich-soziale Frage je eigenständig behandelt, aber eines immer auf das andere bezieht. Für jedes der drei Gebiete legt er einen eigenen, bis in die Gegenwart reichenden Vorschlag vor.

Europas Wurzel: das Menschenbild

In diesem Abschnitt wollen wir erkunden, welches der tragende Grundgedanke ist, von welchem her Cusanus die geschilderte differenzierte europäische Einheit denkt.

Im Allgemeinen wird die Renaissance durchaus zutreffend als eine Epoche charakterisiert, in der die Autonomie des Menschen sich Bahn bricht, wodurch der Mensch in ein neues, freieres und aktiveres Verhältnis zu Gott und Welt tritt. Präzise lässt sich dieser Übergang dadurch beschreiben, dass drei Eigenschaften, die man im Mittelalter wesentlich Gott zuschrieb, in bestimmter Weise auch auf den Menschen bezogen werden. Wenn Nikolaus den Menschen einen „zweiten Gott" nennt, dann hat er genau dieses im Blick. Aber anders als spätere Zeiten galt ihm diese Bezeichnung nicht als hochmütige Selbstüberhebung, sondern er verstand sie vielmehr als Aufgabe, der sich der Mensch in Demut und Entwicklung seiner Kräfte zu widmen habe.

Die drei fraglichen Eigenschaften sind die Schöpferkraft Gottes, seine Unendlichkeit und seine Unverfügbarkeit bzw. letzte Verborgenheit. Mit der Übertragung der Schöpferkraft von Gott auf den Menschen entsteht die Vorstellung des menschlichen Geistes als eines ursprünglich und individuell kreativen Wesens – das zentrale Paradigma der Anthropologie der Neuzeit. Mit der Übertragung der Unendlichkeit auf die Welt wird nicht nur die Kreativität des Menschen als eines Teiles der Welt zu einem unerschöpflichen Quell des Individuums, sondern mit der Entdeckung der Unendlichkeit des Weltalls, wie sie Cusanus im zweiten Buch seiner Schrift Von der belehrten Unwissenheit erstmals im christlichen Gedankenraum reflektiert, ist auch der Grund der neueren Naturwissenschaft gelegt – in der ganzen Offenheit eines unabschließbaren Erkenntnisprozesses. Mit der Übertragung der Unverfügbarkeit bzw. Verborgenheit auf die Welt und den Menschen tritt der Mensch in ein neues Verhältnis zur Natur und zum Mitmenschen. Dieser wird erst jetzt in aller Deutlichkeit ein „Du", ein Wesen, das sich mir offenbaren kann und dem ich begegnen kann, das meinem Zugriff aber letztlich entzogen bleibt.

Europas Grundwerte, so lässt sich mit Nikolaus verstehen, ruhen auf der Voraussetzung, dass jeder Mensch ein sich durch eigene Kreativität gestaltendes, jederzeit zukunftsoffenes Wesen besitzt. Aufgrund dieser Kreativität bleibt dieses Wesen immer unantastbar. Die Würde des Menschen ist einerseits unantastbar, weil sie als verborgene gar nicht angetastet werden kann. Zugleich aber besteht die Würde des Menschen andererseits in der offenen unendlichen Entfaltung ihrer selbst. Diese Entfaltung darf nicht angetastet werden, weil damit der Beziehungsraum zwischen Wesen verletzt und Menschsein ignoriert wird. Dieses Wesensverhältnis ist auch auf seinen Bezug zur Natur und zu Gott anwendbar.

In seinem Spätwerk hat Cusanus diese Überlegungen nochmals aufgegriffen, indem er – ein Spiel erfunden hat, das sogenannte Globusspiel. „Ich meine, dass es kein anständiges Spiel gibt, das ganz ohne den Gehalt geistiger Übung ist. Diese so vergnügliche Übung mit dem Globus stellt uns, wie ich meine, eine nicht unbedeutende Philosophie dar." Mit diesen Worten macht Nikolaus deutlich, dass es ihm um mehr als um ein bloßes Spiel geht.

Es besteht aus einem Spielbrett und einer Kugel. Die Holzkugel ist freilich nicht einfach rund, sondern sie hat eine ‚Delle'. Man kann sich vorstellen, dass sie von einer zweiten, unsichtbaren Kugel ein Stück weit durchdrungen wird. Dadurch läuft die Kugel nicht mehr gerade, sondern spiralförmig. Die Spielfläche besteht einfach nur aus neun konzentrischen Kreisen, die um einen markierten Mittelpunkt angeordnet sind. Die Idee des Spieles ist sehr einfach: Die Kugel soll so geworfen werden, dass sie ‚spiralkreisend' im Mittelpunkt der Kreise zur Ruhe kommt. Aus spieltechnischer Sicht handelt es sich um eine geniale Reduktion der Mittel auf, wenn man so will, menschliche

Grundphänomene, wodurch sich ein hohes kreatives Potential – auch im reinen Spielvergnügen – ergibt. Nikolaus selbst bezeichnet das Spiel als „Spiel der Weisheit" und spricht ihm eine „mystische Kraft" zu.

Beim Spielen geschieht nun folgendes: Die Kugel mit der ‚Delle' rollt spiralförmig durch die Kreise hindurch und kommt irgendwo zum Stillstand. Berechnen kann man den Wurf nicht. Aber man stellt fest, dass man durch Übung besser wird. Allerdings, so sagt schon Nikolaus, bleibt es dabei, dass man niemals einen Wurf wiederholen kann. Jeder wird anders. Jeder Wurf hat dasselbe schwebende, das weder Absicht noch Zufall ist, wie Nikolaus sagt. Es ist offenkundig, dass die Kugel die menschliche Individualität mit ihrer je eigenen ‚Delle' und jeder Wurf gleichsam einen neuen existentiellen Lebensentwurf im Moment darstellt. Schon von dieser Seite her ist das Spiel philosophisch höchst bemerkenswert, weil es de facto die Überlegungen einer Existenzphilosophie vom Anfang des 20. Jahrhunderts durchaus einholt.

Für Cusanus wird die Wirklichkeitsstruktur der Welt, ihre Ordnung, eine Möglichkeitsbedingung für menschliches Handeln. Der Mensch ist nicht mehr einfach nur Teil einer gegebenen Ordnung und in sie eingebunden, sondern die Ordnung der Welt wird für den Menschen bei Cusanus zu der Möglichkeit, selbst kreativ werden zu können. So ist menschliches Handeln weder durch Natur und Welt determiniert, noch ist es der freien Willkür anheimgestellt. In der Auseinandersetzung und Gestaltung mit der Mitwelt bildet sich der Mensch seine Biographie. Im Bildes des Spieles: Die Struktur der Kreise ist gegeben, sie wird in jedem Wurf durchlaufen. Das ist das eine Ordnungselement. Das zweite ist ein selbstgeschaffenes: Indem der Mensch seine Spielfähigkeit übt, werden seine Würfe, das zeigt die Erfahrung, eine gewisse Regelmäßigkeit erlangen. Die einzelnen Orte der Erfahrung verbinden sich zu einem Feld der Erfahrung, und jeder neue Wurf erschließt dieses Feld von einer neuen Perspektive und erweitert es.

Von dieser geistigen Entwicklungsmöglichkeit her sind Europas Grundwerte, so lässt sich mit Nikolaus verstehen, zu denken. Es ist diese Form und Möglichkeit der Kreativität, auf die Cusanus die Unantastbarkeit des Menschen gründet.

Mit Cusanus im Dialog: eine Frage des Gleichgewichts

Dieser Grundgedanke menschlicher Kreativität soll nun weiter vertieft werden, indem das Verhältnis zwischen sogenannter Theorie und sogenannter Praxis, zwischen Denken und Handeln, in den Blick genommen wird. Dazu schauen wir auf ein berühmtes Theorem des Cusanus: den Gedanken des Ineinsfalls der Gegensätze (coincidentia oppositorum).

Als Nikolaus 1438 mit dem Schiff von Konstantinopel nach Italien zurück segelt, erlebt er seinen einen Grundgedanken der „docta ignorantia", der „belehrten Unwissenheit". Ob dieses Erlebnis ein „mystisches" sei – darüber ist viel geschrieben und gestritten worden. Vom rechten Verständnis dieses Konzepts hängt jedenfalls das Verständnis der cusanischen Philosophie im Ganzen ab. In drei Büchern, am 12. Februar 1440 in Kues abgeschlossen, schreibt er daraufhin sein erstes philosophisches Hauptwerk „De docta ignorantia" / „Von der belehrten Unwissenheit".

Was denkt Nikolaus mit dem Gedanken des „gelehrten Nichtwissens"? Dem Menschen, so Nikolaus mit Aristoteles, sei als seine Natur von Gott das Streben nach Erkenntnis gegeben. Dieses Streben ist nicht vergeblich; „ein gelegentlicher Mißerfolg ist dem Zufall zuzuschreiben", etwa wenn „eine vorgefaßte Meinung das Denken irreleitet". Ein gesunder freier Geist, meint Nikolaus, weiß zwar, dass er irren kann, aber dass sein Denken doch grundsätzlich zur Wahrheit führt. Nun ist aber dieser Grundzug mit einer Schwierigkeit konfrontiert: Wie soll das endliche Erkennen den unendlichen Gott fassen? Alles Forschen geschieht, so Nikolaus, durch Vergleichen. Das Wesen des Unendlichen ist aber dergestalt, dass es als Unendliches alles Vergleichen, alle Proportion, „flieht". Daraus ergibt sich für das menschliche Erkenntnisvermögen eine wichtige Einsicht: Alles Wissen um Endliches ist (zunächst) ungeeignet für die Erkenntnis des Unendlichen. Über diese Einsicht reflektiert zu verfügen bedeutet zweitens, genau diesen grundsätzlichen Charakter endlichen Wissens aus den Prinzipien der Erkenntnis eingesehen zu haben. Es handelt sich also inhaltlich um die Einsicht in das Nichtwissen des endlichen Wissens mit Blick auf das Unendliche und methodisch um die wissenschaftlich tragfähige Erkenntnis („belehrt"), wie diese erste Einsicht des Nichtwissens begründet ist. Das Nichtwissen muss bewusst und gewusst ausgewiesen werden.

Zugleich weist dieses Nichtwissen den Menschen auf ihn selbst zurück. All sein endliches Wissen von der Welt vermag nicht zu tragen. Ein Wissen von Gott oder Göttlichem hat er aber in dieser Situation ebenfalls nicht. Er ist rein im Raume intellektueller Möglichkeit, gleichsam in der Schwebe zwischen Himmel und Erde. Damit aber ist er auch in einem Raum, in dem nichts auf ihn zu wirken vermag. Weder die Welt, noch Gott oder ein Engel können hierhin, wo noch keine Wirklichkeit ist, sondern nur reine intellektuelle Ungewissheit und Frage. Damit ist die eigentümliche Geste des „belehrten Nichtwissens" charakterisiert.

Den damit zusammenhängenden zentralen Gedanken des Ineinsfalls der Gegensätze erläutert Cusanus vor allem an mathematischen Beispielen. Ein geometrisches Beispiel ist, und dieses ist für die Rezeptionsgeschichte via Kepler wichtig, das Verhältnis der geraden zur gekrümmten Linie. Man denke sich einen Kreis mit einer Tangente. Lässt man den Kreis immer größer werden, so verringert sich seine Krümmung; Kreisbogen und Tangente nähern einander immer mehr an. Freilich werden sie im rein Mathematischen niemals zusammenfallen, können aber genutzt werden für eine Bestimmung von Pi, was Cusanus mit überraschend guten Ergebnissen in seinen mathematischen Schriften durchführt. In dem Ineinsfall der Gegensätze findet darüber hinaus, und das ist wichtiger, auf intellektuelle Art betrachtet ein Überstieg statt, ein Transzendieren, welches man anhand einer Analogie zum Sinnlichen verdeutlichen kann. In der uns erscheinenden materiellen Außenwelt gibt es weder natürlich noch künstlich ein perfektes Dreieck oder Viereck, nicht einmal als Oberflächenform; immer wird sich bei näherem Zusehen eine „Macke" finden lassen. Alles Irdische ist unvollkommen. Gleichwohl nähert sich das materielle Gebilde seiner idealen Form an und kann ihm unendlich angenähert werden. Der menschliche Geist findet diese ideale perfekte Form allerdings, wenn er vom Sinnlichen ins Geistige den Überstieg vollzieht. Im rein mentalen Raum, in der geistigen Anschauung erlebt er sehr wohl ein perfektes geometrisches Gebilde. In analoger Weise kann man nun das Sich-Annähern der gekrümmten und geraden Linie im mathematisch-idealen Raum so verstehen, dass zwar in diesem mathematischen Raum gekrümmte und gerade Linie niemals eins werden, aber ihr infinites Annähern darauf verweist, dass in einem darüber liegenden, transzendenten Bereich genau dieser Ineinsfall sich ereignet. So illustriert die Koinzidenzlehre den doppelten ‚Überstieg' der „docta ignorantia": Vom Sinnlichen zum Mathematischen und von dort zum tatsächlich Unendlichen reicht die Bewegung.

Überlegungen solcher Art mögen zwar abstrakt erscheinen, aber sie haben zur Folge, dass Nikolaus einen neuen Blick auf die Wirklichkeit gewinnt. Jedes, was von dieser Welt ist, kann aufgrund dieser Überlegungen niemals einen absoluten Geltungsanspruch haben, mag es auch partiell durchaus berechtigt und wahr sein. – Dieser Satz ist weitaus weniger selbstverständlich, als er vielleicht klingt.

Denn erstens stellt sich die alte Frage des Pilatus: „Was ist Wahrheit?" neu. Dabei darf man nicht vergessen, dass Cusanus die Wahrheitsfrage als jemand aufrollt, der für die Mathematik wie die Naturwissenschaft von einiger Bedeutung ist. Der Naturwissenschaftler Cusanus erkannte Jahrzehnte vor Kopernikus, dass die (runde, an den Polen abgeflachte) Erde nicht im Mittelpunkt des Weltalls stehen könne und dass sie bewegt sein müsse. Nikolaus schrieb aber auch ein Werk Der Laie über Versuche mit der Waage. In diesem Werk begründet er das neuzeitliche Verständnis einer quantitativen Naturwissenschaft, ohne es zu verabsolutieren. Dabei geht es ihm weniger um konkretes Experimentieren, sondern um eine theoretische Begründung einer auf dem Experiment basierenden Naturwissenschaft; insofern kommt ihm der Titel ‚Vordenker moderner Naturwissenschaft‘ zu Recht zu. Der Mathematiker Cusanus legte Grundlagen für die Infinitesimalrechnung und die Wahrscheinlichkeitsrechnung. Wenn also im Folgenden der Primat eines mathematisch-naturwissenschaftlichen Wahrheitsanspruchs in Frage gestellt wird, dann geschieht dieses im vollen Wissen um die Möglichkeit und Grenzen derselben.

Wahrheit ist für Cusanus nicht Richtigkeit oder logische Stimmigkeit. Der Schluss: „Alle Menschen sind Politiker. Max ist ein Mensch. Also ist Max Politiker" ist formallogisch richtig. Dennoch kann an seiner Wahrheit berechtigter Zweifel entstehen. Denn die Wahrheit eines logischen Schlusses hängt an der Wahrheit der Prämissen, der Voraussetzungen. Die Logik garantiert niemals Wahrheit, und Wahrheit ist logisch nicht zu beweisen. Die Wahrheit hängt daran, wie erkannt werden kann, ob alle Menschen Politiker sind. Auf den ersten Blick mag man die Erfahrung zur Richterin der Wahrheit machen wollen. Da die Erfahrung lehrt, dass es Menschen gibt, die keine Politiker sind, stimmt die Prämisse nicht. Schwieriger wird es, wenn die Prämisse zu stimmen scheint, z.B. „Alle Menschen sind sterblich etc.". Wir werden aber niemals aus der Erfahrung wissen, dass alle Menschen sterblich sind; denn auch nach unserem Tod wird es noch Menschen geben, über deren Leben und Tod uns die Aussage verwehrt ist. All-Aussagen, so lehrt die Philosophie deswegen, sind keine empirischen Aussagen. Die Sterblichkeit des Menschen ist vielmehr eine metaphysische Behauptung, getroffen aus der Erkenntnis des Wesens des Menschen. Von der Gültigkeit einer solchen Aussage muss sich der Mensch erst überzeugen. Wahrheit wird zu einer Aufgabe: Der Mensch muss um sie ringen und sie erobern. Zudem sind alle Sätze der Wahrheit nicht absolut, sondern von einem bestimmten Standpunkt aus wahr. Die Sterblichkeit des Menschen ist beispielsweise etwas, dem sein Gegenteil „Alle Menschen sind unsterblich" von einem anderen Standpunkt aus entgegengesetzt werden kann. Das Ringen um verbindliche Wahrheit und das Gebundensein dieser Wahrheit an einen Standpunkt nennt Nikolaus von Kues „coniectura", konjekturales, perspektivisches Wissen. Es ist weder absolut wahr noch bloß relativ gültig. Es ist eine Wahrheit, die unter einer bestimmten Perspektive erfahren wird. Sie steht zwischen Dogmatismus und Relativismus in der Mitte: zwar subjektiv, aber nicht bloß subjektiv. So verstanden, kann die Geltung von Werten beispielsweise nicht einfach dogmatisch verfochten werden, es kann aber auch nicht einfach ein Werterelativismus behauptet werden.

Wie ersichtlich, wird Wahrheit erfahren im Ausgleich von Gegensätzen. Wahrheit ist eine Gleichgewichtsfrage. Dieses Gleichgewicht ist jedoch kein statisches, da die Wahrheit perspektivenabhängig ist und damit stets im Fluss bleibt. Wahrheit ist dynamisches Gleichgewicht. Nikolaus von Kues beschreibt diesen Sachverhalt im folgenden Bild: „Der Rhein scheint lange beständig zu fließen, jedoch niemals im selben Zustand. Einmal unruhig, einmal klar, einmal ist er unruhig, einmal klar, einmal führt er viel Wasser, einmal wenig." In diesem Sinne verläuft auch unser Ringen um ein Gleichgewicht. Stets müssen wir es neu zwischen Zuviel und Zuwenig auspendeln.

Die sogenannten Idiota-Dialoge des Cusanus kann man in diesem Sinne verstehen. Im Jahre 1450 entstehen in rascher Folge Idiota de sapientia (Der Laie über die Weisheit) im Umfang von zwei Büchern, Idiota de mente (Der Laie über den Geist) und Idiota de staticis experimentis (Der Laie über Versuche mit der Waage) im Umfang von jeweils einem Buch. Cusanus untersucht die Frage, was der Geist des Menschen sei (De mente) und inwiefern er Leistungen im Geistigen (De sapientia) und in der Welt (De staticis experimentis) zu vollbringen mag.

Eine zentrale Intention derselben wird klar, wenn man das Bild der Waage, welches im letzten Dialog als Symbol für eine quantitative Naturwissenschaft steht, auf die Idiota-Dialoge insgesamt überträgt. Die Waage war damals das genaueste Instrument für quantitative Messungen; sie war jedem Apotheker, Münzwechsler etc. vertraut. Bei Nikolaus lässt sich dieses Bild auf den Menschen beziehen: Der menschliche Geist bildet den Punkt, an dem die Waage aufgehängt ist. Die beiden Waagschalen sind die Erkenntnis Gottes (Spiritualität) und die Erkenntnis der Welt (Naturwissenschaft). Wichtig ist für Cusanus, dass beide Seiten gleichmäßig und miteinander ausgebildet werden; gleichsam als Leitmotiv der Idiota-Dialoge verwendet er das an das biblische Buch der Sprüche angelehnte Wort: „Die Weisheit ruft auf den Straßen, und ihr Ruf ist, daß sie in den höchsten Höhen wohnt." Eine je einseitige Ausbildung bringt die Waage in ein Ungleichgewicht. Das zu erstellende Gleichgewicht bleibt freilich stets dynamisch, indem der Mensch mal die eine, mal die andere Seite pflegt. Wahre Erkenntnis ist weder durch angeborene oder festgesetzte Ideen noch durch determinierende Bestimmungen des Leibes verursacht. Sie ist kreative Leistung.

Damit wird aber auch deutlich, dass das Ringen um ein dynamisches Gleichgewicht noch komplizierter ist: Es geht nicht nur darum, ein Gleichgewicht herzustellen, sondern auch, überhaupt erst zu entdecken, was auf die Waagschalen gehört. Ist es auch das Richtige, was ich ins Gleichgewicht bringe?

Mit diesen Bestimmungen ist das gegenwärtige kulturelle Wahrheitsverständnis in bestimmter Weise auf den Kopf gestellt, oder besser: vom Kopf wieder auf die Füße gestellt. Wir möchten gemeinhin Wahrheit als etwas, das immer wahr bleibt, was überprüfbar und feststellbar ist, was gerade nicht dynamisch ist, was uns Sicherheit bietet, was eine Antwort darstellt. Die cusanische Denkkultur entlarvt eine solche ‚verendlichende' Antwort als totes, unfruchtbares Ergebnis, das niemals Sicherheit garantiert. Im Gegensatz dazu kultiviert sie Wahrheit nicht als Ergebnis, sondern als Prozess, und zwar als einen Prozess, der rückwärts auf seine Voraussetzungen gerichtet ist und so eine stete Fragekultur in Gang hält. Etwas überspitzt: Wahrheit kann nur in der Frage liegen. Wer dagegen einwendet, dass eine Frage nichts nützt, dem sei sofort zugestanden, dass es falsche und unfruchtbare Fragen gibt. Genau darin aber besteht die Kunst der Wahrheit: zwischen falschen Fragen und vorgeblich letzten Antworten die richtige Frage zu finden, um so einen Lösungsprozess in Gang zu setzen.

Für unsere heutigen Fragen können wir also mitnehmen: Der homo Europaeus muss zwischen Relativismus (keine Antwort) und Dogmatismus (eine einzige richtige Antwort) sich der eigentlichen Aufgabe, in Verantwortung stets neu Wahrheit sich zu erringen, bewusst werden. Erringen von Wahrheit stellt sich als Gleichgewichtsproblem dar, wobei, was ins Gleichgewicht gebracht wird, zunächst zu bestimmen ist. Ein solcher Prozess ist gegenläufig zur gewohnten, Sicherheit suggerierenden Antwortkultur auf das Stellen der richtigen Frage zur Überprüfung von Voraussetzungen gerichtet.

Politische Reform: Wertediskussion

Von hierher können wir uns der Frage nach den europäischen Werten zuwenden. Dieses soll zunächst von einem politischen Blickpunkt aus geschehen.

Am Anfang europäischen politischen Selbstverständnisses steht, von heute aus gesehen, mit Selbstverständlichkeit die moderne Demokratie. Zentrales Stück derselben ist der Grundgedanke freier, gleicher und geheimer Wahlen. In seinem kirchenpolitischen Hauptwerk De concordantia catholica (Von der allgemeinen Eintracht) entwirft Cusanus als erster Europäer im Rahmen der Überlegungen zur Königswahl ein solches System freier, gleicher und geheimer Wahlen – und zwar ganz konkret: Cusanus schreibt die Gleichheit der Stimmzettel, die Gleichheit der Schreibfedern, die Art des Ankreuzens, die Form der Wahl zur Gewährleistung der Geheimhaltung etc. genau und umsichtig vor. Cusanus ist der praktische Vordenker eines demokratischen Europas. Zwar geriet dieses System zwischenzeitlich wieder in Vergessenheit und wurde erst später von Jean Charles Chevalier de Borda wiederentdeckt. Seinen Einfluss erwies es aber erneut in der Diskussion um Demokratie in Beginn des 20. Jahrhunderts im angelsächsischen Raum.

Die Idee rechtsstaatlicher Demokratie ruht auf einem bestimmten Werteverständnis, vor allem dem der Menschenwürde und den Menschenrechten. Die Diskussionen um die Bioethik, den Transhumanismus, die Digitalisierung, die Bedrohung durch den Terrorismus und andere Faktoren haben deutlich werden lassen, dass dieser Wertekonsens fragil ist und dass er keine Naturnotwendigkeit darstellt, auf die zu verweisen notwendig nach sich zöge, dass Attacken gegen sie aufhörten.

Im Gegenteil müssen wir feststellen, dass die Infragestellung der Verbindlichkeit von Werten kein ausschließliches Problem eines Extremismus darstellt, sondern quer durch die europäische Gesellschaft geht – bis hin zu „alternative facts". In allen Religionen stellen wir einen Rückgang an eigenverantworteter Werteverbindlichkeit und eine Zunahme von Fundamentalismus fest. Dabei ist, wie sich gezeigt hat, Fundamentalismus kein Problem des Islams, sondern ein Phänomen, das auch eng mit Europa verknüpft ist, ist doch zu beobachten, dass viele gewaltbereite Fundamentalisten eine europäisch-aufgeklärte Sozialisation durchlaufen haben. Beliebigkeit und Dogmatismus spannen einen weiten Raum auf. Der Blick in die europäische Geschichte, auch Kirchengeschichte, findet immer wieder dergleichen.

Eine cusanische Problemdiagnose kann fragmentarisch und vorläufig Folgendes festhalten:

Mit Blick auf den Fundamentalismus ist zunächst festzustellen, dass die aktuelle Frage interreligiösen Dialogs nicht so sehr die zwischen den Religionen ist; hier kann man durchaus kommunizieren, und dass man sich nicht einig ist, stellt eher ein sekundäres Problem dar oder ist gar eine Bereicherung. Im eigentlichen Sinne geht es um das alle großen Religionen, insbesondere die monotheistischen, gemeinsam beschäftigende Problem, wie ein Dialog mit dem Fundamentalismus aussehen könnte. Nun liegt es im Wesen des Fundamentalismus, dass man mit ihm nicht in einen Dialog treten kann. Infolgedessen verlagert sich die Blickrichtung. Fundamentalismus ist Ergebnis, Verursachtes, und es kommt darauf an, die Ursachen und den Werdeprozess zu verändern.

So sah es zumindest Cusanus, als er 1453 mit dem Fall Konstantinopels konfrontiert wurde. Während nach der Eroberung Konstantinopels die Angst vor einem islamischen Terrorkrieg Europa durchzieht und überall nach Kreuzzügen und Rache gerufen wird – kein der Gegenwart unbekanntes Szenario –, schreibt Nikolaus sein Werk De pace fidei (Über den Frieden im Glauben). In ihm entwirft er die Perspektive „einer einzigen Religion in der Verschiedenheit der Riten". Seine Leitidee ist, dass die Religionskriege und überhaupt die Religionsprobleme darauf beruhen, dass man sich an den äußeren Formen und Denkgewohnheiten anderer Religionen störe, dass aber eigentlich die grundlegende Substanz in allen Religionen dieselbe sei. In dem fiktiven Dialog lässt Cusanus Vertreter aller bekannten Religionen und Länder in den Himmel entrückt werden und sich unter der Leitung Christi um einen ‚grünen Tisch' versammeln. Der Dialog, welcher ein großes Vertrauen in die menschliche Vernunftfähigkeit setzt, untersucht die Voraussetzungen von Religion und prägt einer Tradition seinen Stempel auf, die von seinem Vorgänger Raimundus Lullus über seinen Nachfolger Lessing, der das cusanische Werk ins Deutsche übersetzen lassen wollte und den Stoff im Nathan mit dessen Version der Ringparabel verarbeitete, bis in die Gegenwart reicht.

Im Sinne der cusanischen Idee des dynamischen Gleichgewichts stellt man als gesellschaftliche Verfasstheit Europas folgendes fest:

Auf der einen Seite besteht ein durch die letzten Jahrhunderte in der Ausbildung von Wissenschaft gewachsener und inzwischen alle Lebensbereiche durchdringender Anspruch umfassender Rationalität. Dieser Anspruch kann nicht aufgegeben werden. Er kann sich aber einseitig ausprägen, indem er getreu dem Motto von „Messen, Zählen, Wiegen" zu Unrecht Wahrheit auf Naturwissenschaft und Logik einschränkt. Auf der anderen Seite steht eine Sehnsucht nach Spiritualität und geistiger Erfahrung, ja Wahrheit. Auch dieser Anspruch kann nicht aufgegeben werden. Jedoch findet sich auch hier eine einseitige Ausprägung, indem dabei der Rationalitätsanspruch fälschlich ausgeklammert wird.

Der Dualismus zwischen ‚bloß irdischer Rationalität' und ‚rein irrationaler Spiritualität' bietet offenkundig einen Nährboden für Fundamentalismus. Das Phänomen von Fundamentalismus ist, so verstanden, nur die eine Seite der Medaille. Die andere liegt durchaus im Herzen Europas: Das sogenannte aufgeklärte säkulare Lebensideal vermag der durchbrechenden Sehnsucht nach Spiritualität keine Nahrung zu bieten. In der Folge wird Rationalität abgelehnt zugunsten einer irrationalen Spiritualität, die der Seele scheinbar Befriedigung verschafft. Auch das Problem eines (Rechts)popu¬lismus lässt sich unter dieser Perspektive anschauen.

Damit stehen wir aber vor einem Phänomen, welches mit Hilfe des vorhin entwickelten Instrumentariums eines zu erobernden, dynamischen Gleichgewichts angegangen werden kann.

Was Cusanus ausspricht, ist für uns in der Zeit ‚nach dem Tode Gottes' (Nietzsche) noch deutlicher geworden: dass der Mensch selbst aktiv sich den Raum der Transzendenz willentlich erobern muss, der ihm in früheren Zeiten traditionell gegeben war. Ein spiritueller Gottesbezug oder ‚Wahrheitsbezug' ist uns keine selbstverständliche Gegebenheit; das zeigt der säkularistische Rationalismus; und wenn ein Gottesbezug als vorhanden auftritt, dann müssen wir ihn uns trotzdem geistig mit Hilfe unserer Vernunft erarbeiten, ansonsten droht Fundamentalismus. Der Mensch muss also die Transzendentalität (als Realität seines Wesens) lernen und wollen.

In diesem Prozess der Ausbildung von Geistigkeit fällt aber auch, dass ethische Werte errungen werden müssen. Naturwissenschaft und Logik liefern, wie dargestellt, nur Fakten oder formale Richtigkeit, keine Wahrheit. Wahrheit ereignet sich in einem vom Individuum verantworteten Erkenntnisakt, der Denken und Wahrnehmen in ein Verhältnis zueinander bringt.

Diesen Prozess der Ausbildung von Wahrheit in existentieller Erkenntnis vergleicht Cusanus mit dem Reinigen einer Brille. Der Mensch selbst ist in der Lage, sich eine Brille zu schleifen, sie immer wieder seinem Sehvermögen anzupassen und sie immer wieder neu zu säubern. Das Bild macht schon deutlich, dass Wahrheitserkenntnis stets gepflegt werden muss, ansonsten verdreckt die Brille oder passt nicht mehr zur Sehstärke der Augen. Es hängt vom einzelnen ab, die Wirklichkeit und Wahrheit immer besser erkennen zu können. Wahrheitserkenntnis ist, in einem schlichten Bild gesprochen, eine Fähigkeit wie Klavierspielen: Man muss sie beständig weiter ausüben, sonst droht man sie (zumindest teilweise) zu verlieren; wenn man sie beständig übt, wird sie immer feiner und feiner.

Zugleich entwickelt Cusanus die Idee, dass Wahrheit nicht einfach gegeben oder abstrakt zu erfassen ist, sondern bildlich, symbolisch entwickelt werden muss. Er nennt derartige Bilder „Aenigmata" oder – im Singular – ein „Aenigma". Dahinter steht bereits die Einsicht, dass die Wirklichkeit nicht einfach so ist, wie wir sie sehen. Sie ist so kompliziert und komplex, dass wir eigentlich Phantasie benötigen, um Wirklichkeit wahrzunehmen. Im 20. Jahrhundert hat der Philosoph Günther Anders diese Fähigkeit „moralische Phantasie" genannt. „Phantasie hat […] als eine Methode der Empirie zu funktionieren", notierte er einmal kurz.

Daraus folgen zwei Konsequenzen, die europäische Bildung zu berücksichtigen hat, wenn man Fundamentalismus vermeiden will: Erstens ist Bildung ein dynamischer Prozess, der eine ethische Komponente hat, indem er eine Willensanstrengung, ein Sich-Aufraffen, umfasst. Zweitens sind Werte nicht einfach gegeben. Vielmehr müssen Werte in ihrer Sinnhaftigkeit immer neu errungen werden.

So lässt sich also mit Cusanus formulieren: Die europäische Gemeinschaft steht vor der Aufgabe, unter Bewahrung ihres intellektuellen Gewissens Rationalität und Spiritualität zu verbinden, um dadurch Grundwerte auszubilden, die als verbindlich erfahren und geteilt werden.

Mensch und Werte

Wir sind mit dem letzten Abschnitt wiederum auf die Frage nach dem, was den Menschen auszeichnet, zurückgeworfen worden. Im Folgenden sei deswegen der Grundgedanke des cusanischen Denkens, seine Idee vom Menschen, nochmals vertieft, um das Verhältnis des Menschen zu Werten im Sinne des Cusanus besser verstehen zu können.

Nikolaus entwirft das moderne Konzept, dass der Mensch freier und kreativer Gestalter seiner selbst ist. Das Verhältnis zwischen Gott, Mensch und Welt beschreibt Nikolaus 1450 in dem Dialog Der Laie über den Geist:

„Das ist so, wie wenn ein Maler zwei Bilder malte, von denen das eine, tote, ihm in Wirklichkeit ähnlicher schiene, das andere aber, das weniger ähnliche, lebendig wäre, nämlich ein solches, das, durch seinen Gegenstand in Bewegung gesetzt, sich selbst immer mehr angleichen könnte. Niemand zweifelt daran, daß das zweite vollkommener ist, weil es gleichsam die Malkunst mehr nachahmt."

Der Maler in diesem Gleichnis ist Gott. Dieser schafft ein zwar äußerlich vollkommenes Abbild, aber ein solches, welches immer schon ein Gewordenes, ein Fertiges, ein Totes ist: die Welt. Bei aller Großartigkeit ist sie festgelegt, sie kann und muss nach ihren unvergänglichen und unveränderlichen Gesetzen wirken; aus der Nuss, die keimt, wird immer ein Nussbaum. Ganz anders verhält es sich mit dem Menschen. Er ist zwar auf den ersten Blick unvollkommener. Doch anders als bei den anderen Wesen ist seine Verwirklichung nicht festgelegt, anders als die Tiere muss er sich die Fähigkeiten zum Leben und Überleben erst erwerben, ganz zu schweigen von denen der Kultur. Auch muss er das, was seine je individuelle Aufgabe, seine Berufung, ist, erst selbst entdecken und gestalten. Doch gerade darin, dass er lernen kann, und zwar lernen kann, sich selbst zu gestalten, liegen seine Freiheit und seine Würde begründet. Mit diesem Verständnis wird Cusanus zum Begründer eines auf Kreativität, Freiheit und Menschenwürde beruhenden Werte-Verständnisses vom Menschen.

Bei diesem Bild hat man zu berücksichtigen, dass es 1450 noch kein Selbstporträt eines Malers gibt – zumindest kein uns erhaltenes. Die ersten Individualporträts entstehen gerade; so malt Jan van Eyck ein Porträt seiner Frau Margarethe. Auch hat die Kunstgeschichte einige Bilder in Verdacht, dass sie ein Selbstporträt darstellen. Aber erst in dieser Zeit beginnt die Tradition, dass der Maler seinen Namen auf das Bild setzt, dass porträtiert wird und eben, dass es Selbstporträts gibt. So bedient sich das cusanische Bild 1450 bei der Avantgarde der Malkunst seiner Zeit. Aller Wahrscheinlichkeit nach hat er 1450 im August, als er den Dialog schrieb, in Rom bzw. in der Nähe von Rom den flämischen Maler Rogier van der Weyden getroffen, der ebenfalls dort war. Rogier van der Weyden gilt neben Jan van Eyck (†1441) und dem Meister von Flemalle bis heute als Begründer der modernen Malerei diesseits der Alpen.

Die cusanische Einsicht erweist sich wiederum als sorgfältig aus-
balancierte Position zwischen zwei Standpunkten, die gegenwärtig die
Gesellschaft bestimmen. Auf der einen Seite wird der Mensch als
biologisches Naturwesen verstanden. In diesem Sinne ist er ein intelli-
gentes Tier, dessen Spezifikum in seinen Genen liegt. Konsequenzen
dieser Ansicht sind beispielsweise der Sozialdarwinismus oder das
(theoretische) Verständnis des Menschen als homo oeconomicus. Auf
der anderen Seite wird der Mensch als Bild Gottes bzw. geistiges
Wesen verstanden. Die Konsequenz einer solchen Anschauung ist,
dass des Menschen Reich nicht von dieser Welt ist, dass er allein im
Jenseitigen seinen Sinn zu finden glaubt. Will man beide Seiten
schlagwortartig charakterisieren, so führt die erste zu einer Weltsucht
(die das Geistige verneint), die zweite zu einer Weltflucht (welche die
Welt verneint).

Nikolaus von Kues versteht den Menschen als geistiges Wesen in
der Welt. Damit macht er sowohl mit der Geistigkeit wie mit dem
Gestelltsein des Menschen in die Welt Ernst. Er bezeichnet den Menschen als „zweiten Gott", insofern er ein „lebendiges Bild Gottes" sei.
Die damit gegebene Bestimmung versteht er einerseits so, dass sich
der Mensch von allen anderen Wesen grundsätzlich unterscheidet. Für
den christlichen Theologen ist zwar die ganze Welt ein Bild Gottes,
aber nur der Mensch ist ein lebendiges Bild Gottes. Die Lebendigkeit
dieses Bildes Gottes besteht für ihn, wie angeführt, darin, dass der
Mensch über ein kreatives Vermögen verfügt und sich selbst mit Hilfe
dieses Grundvermögens Fähigkeiten erwerben kann. In seiner letzten
Schrift Vom Gipfel der Schau notiert er, dass jeder gesunde junge
Mensch laufen könne, dass er einen Stein hochheben könne etc. Alle
diese Dinge hat er gelernt, weil er lernen kann. Diese universelle Fähigkeit des „Könnens" als „Lernen-Könnens" von Fähigkeiten ist
Vorzug wie Aufgabe des Menschen.

Zugleich wird aber deutlich, dass der Mensch sich diese Fähigkeit
des „Könnens" nicht selbst hat geben können. Er findet sie in sich vor.
Er ist nicht Gott, sondern Bild Gottes, ein zweiter Gott. Für Cusanus
ist die Kreativität des Menschen eine universelle Anlage. Ihre weitge-
hende Einschränkung auf den naturwissenschaftlich-technischen Bereich, wie sie in den zurückliegenden Jahrhunderten zum Vorschein
kam, kann für ihn nur eine Seite der Medaille sein. Der seit der Zeit
des Cusanus sich entwickelnde neue Typus des Technikers, des „homo faber", stellt diese Einseitigkeit dar. Max Frisch hat in seinem
gleichnamigen Werk diesem Typ die Übermacht des Schicksals als

einer auf das Göttliche verweisenden Macht gegenübergestellt. Indem der „homo faber" für die Eroberung der Welt durch Technik und Naturwissenschaft steht, verdrängt er die Welt des Geistes und der Kunst. Dabei ist zudem auffallend, dass die Bestimmung des Menschen immer vom Subjekt und seinem Verhältnis zur Welt ausgeht. Die Bestimmung des Menschen durch den anderen Menschen, wie wir sie im Personalismus (u.a. bei Martin Buber: „Ich und Du") finden, versteht sich gerade im Beginn des 20. Jahrhunderts als Gegenbewegung dazu.

Anders, als wir es gegenwärtig in den europäischen Reformen unter den Namen von „Pisa" und „Bologna" erleben, bedarf für Cusanus Kulturreform eines Verständnisses von Bildung, welches die Entwicklungsfähigkeit des Menschen ernst nimmt, um die Möglichkeit geistiger wirklichkeitsgestaltender Erfahrungen in der Welt freizusetzen, ohne den Extremen von Weltflucht und Weltsucht zu verfallen. Diesen zentralen Impuls haben Einrichtungen wie beispielsweise die Cusanus Hochschule in Bernkastel-Kues aufgenommen, um auf dieser Grundlage zeitgemäße Bildungsformen und Bildungswege im Akademischen zu entwickeln.

Die Unverfügbarkeit des Gegenübers: das Du der Natur

Die cusanische Einsicht in den verborgenen, unverfügbaren Grund eines Wesens lässt sich auch auf das Naturverhältnis übertragen. Gerade für eine Debatte einer europäischen Werte-Ordnung dürfte diese Ansicht von Belang sein. Denn die Frage nach der Natur hat im Zeitalter des Anthropozän eine Bedeutung, die kaum überschätzt werden kann.

Schaut man wiederum auf die historische Entwicklung, dann stellt man fest, dass die Jahrhunderte von dem „Ich denke, also bin ich" (Descartes) bis zur Transzendentalphilosophie Kants, die uns bis heute prägt, sich im Wesentlichen darauf konzentriert hat, die europäische Errungenschaft des autonomen Subjektes zu untersuchen. Die Kantische Frage nach den Bedingungen der Möglichkeit menschlichen Erkennens führte dazu, dass wir vom „Ding an sich" nichts wissen können. Diese Einsicht hat wiederum zwei Seiten. Nicht aufgeben können wir die Einsicht, dass jedes Gegenüber, am menschlichen wird es besonders deutlich, nicht bis in seinen letzten Winkel von uns durchdrungen werden kann. Das „Du" bleibt immer ein „Du" und wird kein „Ich". Einseitig wäre aber die Ansicht, vom „Du" gar nichts wissen zu können.

Mit Blick auf die Natur im engeren Sinne wird so wieder eine Polarität deutlich. Auf der einen Seite beschränkt eine Naturwissenschaft im engen Sinne unser Wissen auf die empirischen Tatsachen der Natur; auf der anderen Seite macht sich eine unwissenschaftliche Tendenz einer quasi-religiösen Naturverehrung breit. Wiederum kommt es im cusanischen Sinne darauf an, ein dynamisches Gleichgewicht auszubilden. Wir haben also die kopernikanische Wende auf das transzendentale Subjekt Kants hin durch eine zweite zu ergänzen: den Blick auf das ‚transzendentale Objekt' (sowohl in der unlebendigen wie in der lebendigen Natur). In der lebendigen Natur steht damit, durchaus in Anknüpfung an die Tradition Goethes und des Deutschen Idealismus', die Frage nach der Natura naturans, also der werdenden, schaffenden Natur, als Wesen auf dem Plan, das Verständnis von strukturierten Ganzheitlichkeiten als Teile eines umfassenden Ganzen. Dabei sollte Natur aber nicht im Sinne der Formel „deus sive natura" (also im Sinne einer Identität von Natur und Gott) metaphysisch überhöht werden.

Es ist ersichtlich, dass der noch immer zu geringe Stellenwert des Umweltschutzes, der Ästhetik von Städten, des Umgangs mit Nahrungsmitteln etc. in einer zu geringen Wertschätzung dieser Frage liegt. Europa diskutiert über Klimawandel, Kohlendioxyd-Ausstoß von Autos, gentechnisch veränderte Lebensmittel, erneuerbare Energien und Atomkraft. Aus cusanischer Perspektive sind die meisten der Diskussionen unter Voraussetzungen geführt, die nicht umfassend genug sind. Die cusanische Naturphilosophie vermag durchaus eine inhaltliche Füllung für das zu bieten, was der jüngste Bericht des Club of Rome (2017) als Notwendigkeit einer neuen Aufklärung beschreibt.

Eine geänderte Einstellung zur Kultur ist für Cusanus auch eine geänderte Einstellung zur Natur. Die Natur ist im cusanischen Sinne als eigenständiges Wesen, welches dem Menschen geistlebendig in der Welt gegenübersteht, anzuerkennen; sie darf weder mechanistisch, technizistisch oder utilitaristisch missbraucht noch abstrakt metaphysisch überhöht werden.

Freiheit und Gemeinschaft

Bislang wurde die Leistung des Cusanus als diejenige eines autonomen Individuums, eines einzelnen großen Kopfes gewürdigt. Nun soll in einem letzten Schritt gezeigt werden, dass Nikolaus selbst sich schon darüber klar war, dass die Zukunft eine Gemeinschaft freier Geister benötigt.

Der Sozialreformer Cusanus entwickelte eine bis heute nahezu unverändert gültige Satzung des von ihm und seinen Geschwistern gegründeten St. Nikolaus-Hospitals. Das St. Nikolaus-Hospital in Kues beherbergt nicht nur die Bibliothek des Cusanus – eine der schönsten und kostbarsten Handbibliotheken im Europa diesseits der Alpen –, sondern es ist auch die älteste Sozialeinrichtung in deutschen Landen, die seit ihrer Begründung 1458 ununterbrochen tätig ist. Bemerkenswert aber ist vor allem die Konzeption. Außergewöhnlich ist, dass Cusanus bereits jedem alten Menschen ein Einzelzimmer gegeben hat. Das ist eine Frucht seines Individualitäts-Denkens. Jeder Mensch ist ein eigener, freier Mensch und bedarf eines Freiraums, um als freier Mensch er selbst sein zu dürfen. Darüber hinaus aber war streng geregelt, dass Vertreter der verschiedenen Stände im Stift eine Heimstatt finden sollten. Waren sie aber einmal aufgenommen, spielte der Standesunterschied keine Rolle mehr. Im Stift herrschte der rechtliche Grundsatz der Gleichheit. Aber es blieb nicht bei der Gleichheit, sondern ein jeder war gehalten, zur Gemeinschaft das beizusteuern, was zu leisten er imstande war. Die individuellen Stärken sollten das gemeinschaftliche Leben tragen: Es ist der Gedanke der Brüderlichkeit, welcher das Miteinander prägt. So sehen wir in der Stiftung des Cusanus das Ideal der französischen Revolution Jahrhunderte früher angelegt und durchgeführt – friedlich und erfolgreich.

Cusanus bedenkt offenbar in seiner Satzung die unverfügbare kreative Individualität des Menschen. An ihr zeigt sich die Freiheit des Einzelnen, die Gleichheit aller und die Möglichkeit eines gemeinsamen Miteinanders aus Individualität, nicht in Uniformiertheit.

Die Unverfügbarkeit und Einzigartigkeit des Gegenübers, des Anderen ist zwar allgemein keine neue Frage, aber in den nächsten Jahren kann sie ein neues Gewicht erhalten: Der Mensch ist kein homo oeconomicus; von dort kann seine Würde nicht kommen; aber auch die Intellektualität macht nicht das Wesen des Menschen aus (hier setzen die Fragen nach einer Bioethik an). Der Begriff des Menschen ist also weder allein aus der Wirtschaft noch aus dem Geiste heraus zu bestimmen; er muss zunächst rein im Menschsein unter Menschen, als Sozialität, verankert werden. Wie aber kann Sozialität aussehen? Was ist sie? Mindestlöhne, Grundeinkommen, Studiengebühren, Kinderkrippen, Krankenkassen etc. sind alles äußere Symptome der Unruhe hinsichtlich dieser Frage.

Das cusanische Sozialmodell macht deutlich, welch gravierendes Umdenken in diesem Punkt notwendig ist. Was Nikolaus von Kues noch exemplarisch für ältere Menschen entwickelte, darf für Europa in der Gegenwart durchaus auf alle übertragen werden. In der sozialen Wirklichkeit, die Nikolaus schuf, definiert sich der Mensch nicht durch das, was er leistet. Er ist nicht insofern ein vollwertiges Mitglied der Gesellschaft, als er arbeitet. Die Bindung von Selbstwertempfinden, oder mehr noch: Menschenwürde, an Leistung und Arbeit ist grundsätzlich aufgehoben. Vielmehr ist jeder Mensch, der im Stift ist, als solcher bereits durch sein einfaches Dasein akzeptiert. Diese Akzeptanz sichert ihm alles, was er für ein Leben in Würde braucht: eine materielle Grundlage, einen geistigen Freiraum und ein Sozialgefüge. Er muss nicht erst etwas leisten, um soziale Anerkennung zu erreichen, um eine materielle Grundlage zu haben oder sich mit Geistigem beschäftigen zu können. All dieses wird ihm vielmehr umgekehrt bedingungslos vom ersten Moment an gegeben.

Damit im cusanischen Sinne eine Sozialreform möglich wird, muss die Würde des Menschen in ihrer Entfaltung unantastbar sein; dazu ist die bisherige Denkweise genau umzukehren. Materielle Versorgung, geistiger Freiraum und soziales Umfeld müssen gegeben sein; in ihm wird der Mensch sich entfalten, um seinerseits den anderen genau diese Elemente zur Verfügung zu stellen. Man lebt nicht von dem, was man leistet; sondern man lebt von den anderen und schenkt ihnen ihrerseits Möglichkeitsräume der Existenz.

Die gegenwärtige Diskussion um Mindestlöhne oder Grundeinkommen – vor Jahren noch undenkbar – ist aus dieser Perspektive in einen viel weiteren Rahmen zu stellen. Sie darf nicht auf den wirtschaftlichen Bereich eingeschränkt geführt werden, sondern muss den sozialen und kulturellen Bereich mitumfassen. Cusanus dachte weiter, als es das erste Jahrzehnt des 21. Jahrhunderts tut. Die Würde des Menschen darf sich nicht ausschließlich von dem wirtschaftlichen Sektor her bestimmen. Arbeit erzeugt niemals Würde, sie kann allenfalls Ausdruck einer ihr immer schon vorausliegenden Würde sein. Solange Arbeitslosigkeit als Stigma verstanden wird und gesellschaftlich stigmatisierende Folgen hat, ist die im cusanischen Sinne notwendige Umkehrung der Verhältnisse von Arbeit und Würde nicht vollzogen.

In gleicher Radikalität gilt dieser Sachverhalt auch für die Frage nach einem Grundeinkommen. Im Sinne des Cusanus kann es keinen Zweifel daran geben, dass eines jeden Menschen Bedürfnisse zuerst einmal gesichert sein müssen; dann wird er selbst aus eigener Initiative gesellschaftlich beitragen, was gerade er beitragen kann. Auch in dieser Frage spaltet sich die gegenwärtige Diskussion in zwei extreme Lager: Wer ein bedingungsloses Grundeinkommen ablehnt, hält für ein entscheidendes Argument, dass damit der Faulheit des Menschen Tür und Tor geöffnet sei. Wer es fordert, darf sich nicht vor der Frage drücken, wie er mit dieser Möglichkeit umgeht. Aus der Sicht des Cusanus hat die Antwort verschiedene Dimensionen: Zunächst einmal steht fest, dass es sich bei der Frage eben um keine rein wirtschaftliche handelt; dahinter steht vielmehr ein kultureller und sozialer Paradigmenwechsel. Wie alle solche Wechsel bedarf dieser eines Bewusstseinswandels. Einen solchen hat es in der menschlichen Gesellschaft immer wieder gegeben. Warum also nicht auch hier? Diese Möglichkeit zu bestreiten hieße, die Offenheit des menschlichen Wesens und die Zeugnisse dafür in der menschlichen Geschichte nicht ernst zu nehmen. Muss man aber die Möglichkeit zugeben, so bleibt die Frage nach den Wegen der Umsetzung. Versteht man diese als gesamtgesellschaftliche, so bieten die Diskussionen um Bildung, Bioethik, Klimawandel etc. genügend Sensibilisierungschancen, um die soziale Frage anzugehen. Das Argument der Faulheit behauptet, dass der Mensch seine Kreativität nicht entfalten will. Doch genau in diesem Falle wird der Mensch bald eine Sinnlosigkeit seines Daseins empfinden. Wenn Menschen ihre Kreativität nicht entfalten können oder dürfen, schlägt ihr Handeln in Aggression um. Jemandem, der kreativ sein kann und darf, dazu einzuladen, dass er es auch will, ist sicherlich eine der vornehmsten Aufgaben der Pädagogik, und insofern bleibt das Argument eine stete Frage an das Modell, aber es kann es nicht per se in Frage stellen.

Es sei jedoch nicht verhehlt, dass die soziale Frage im Sinne des Cusanus sicherlich die wichtigste, aber auch komplexeste ist, welche alle anderen in sich bündelt. Cusanus hat für sie ein bei aller Komplexität einfaches Bild gefunden.

Die Eingangsthese, dass Europa an den Gedankengängen des Nikolaus von Kues aufwachen und für die Gegenwart anregende Ideen finden kann, ist an einigen Punkten entfaltet worden. Als Zusammenfassung sei der Versuch unternommen, das bisher Gesagte in einem cusanischen Bild zu konzentrieren, um dadurch zugleich weitere und neue Aspekte der Bedeutung cusanischen Denkens für Europa aufzudecken.

In dem gleichen Jahre wie seine Schrift zum interreligiösen Dialog verfasst Nikolaus ein weiteres berühmtes Werk: De visione Dei (Vom

Sehen Gottes). Ohne es hier im Einzelnen würdigen zu können oder zu wollen, sei allein auf das grundlegende Bild der Schrift eingegangen.

Nikolaus ist von den Mönchen vom Tegernsee gebeten worden, ihnen einen leicht fasslichen, praktischen Zugang zur Mystik zu eröffnen. Was die Mönche erhalten, ist ein Werk, welches dezidiert keine mystischen Erfahrungen enthält. Eine rein mystische Erfahrung, so versteht man, wäre eine Form der Weltflucht. Mystische Erfahrung ist durchaus sinnvoll und möglich, aber, das ist die erste Pointe des Werkes, sie bleibt immer Teil der Lebenspraxis. ‚Theorie‘, nach dem griechischen Wortsinn: ‚geistige Schau Gottes‘, ist Praxis. Für Cusanus ist Gott nicht in einem von der Welt getrennten Jenseits erfassbar, sondern nur in ihr; denn Gott ist Mensch geworden. Daraus folgt, dass alle geistige Erkenntnis unmittelbar lebenspraktisch sein muss, damit sie im richtigen Sinne Erkenntnis zu sein vermag. Jede geistige Erkenntnis, die mich nicht lebenstüchtiger macht, ist keine. Geistige Einsicht ist in diesem Sinne eine Fähigkeit, die mit dem Menschen mitwächst. Sie kann also nicht in Form definierten, unveränderlichen Wissens gegeben werden, sondern muss selbst lebendig sein. Nikolaus von Kues verwendet deswegen mit Vorliebe symbolische Bilder. Das führt, bevor auf das Bild aus Vom Sehen Gottes eingegangen wird, zu folgendem grundlegenden Punkt: Im Zusammenfall von Theorie und Praxis bewährt sich geistige Einsicht, indem sie eine Fähigkeit zur Gestaltung des Lebens darstellt. Die Ausbildung von Bildern als Symbolen geistiger Fähigkeiten, wie sie auch der deutsche Idealismus oder in der Gegenwart Neil Postman als neue Mythologie gefordert haben, ist eine Form, um Europa lebendig zu erhalten.

Nikolaus schickt den Mönchen ein Bild, und zwar das Bild eines allessehenden Christus. Die Augen dieses Christuskopfes blicken einen an, wo auch immer man im Raume vor dem Bild steht. Dieser „Mona Lisa“-Effekt war etwas, was die Malerei zur Zeit des Cusanus technisch zu beherrschen gelernt hatte und was sie gerne einsetzte. Nikolaus bittet die Mönche, das Bild an der Nordwand der Klosterzelle aufzuhängen und sich um es aufzustellen.

Dann lässt er sie vier Experimente durchführen: Zunächst wird ihnen auffallen, dass das Bild alle und jeden einzelnen anblickt. Dieser Umstand dürfte Verwunderung erregen, scheint es doch nicht vorstellbar, dass, wenn der Bruder im Osten angeblickt wird, auch der Bruder im Westen den Blick auf sich ruhen fühlt. Deshalb soll als nächstes der Bruder aus dem Osten in den Westen gehen, um auch dort zu erfahren, dass er angeblickt wird. Nun wird er sich wundern, wie, da das Bild unbeweglich ist, der Blick einmal in den Osten und einmal in den Westen gehen kann. Darum soll er als drittes ein dynamisches Experiment durchführen und, den Blick fest auf das unbewegliche Bild geheftet, sich von Osten nach Westen bewegen. Der unbewegliche Blick bewegt sich, wird er erfahren. Als zweites dynamisches Experiment, welches dem zweiten statischen entspricht (dem Platzwechsel), mag er viertens einen Bruder bitten, von Osten nach Westen zu wandern, während er selbst von Westen nach Osten geht. Sie werden bemerken, dass auf beide der unbewegliche Blick des Bildes ständig gerichtet ist. Dass es sich so verhält, kann im letzten Experiment der eine aber nur vom anderen erfahren. Wenn er es nicht glauben würde, könnte er nicht begreifen, dass es möglich ist. Erkennen erweist sich damit als eine Gemeinschaftsfrage. Gemeinsam denken als gemeinsame geistige Tätigkeit, die sich bis in konkretes Wirken in der Welt erstreckt und damit die Kluft zwischen Einsicht und Umsetzung überbrückt – auf eine solche Perspektive hin denkt Nikolaus von Kues.

Im weiteren Verlauf der Schrift kommen andere Überlegungen hinzu: Selbst wenn ich das Bild nicht anblicke, so blickt es mich an. In dem Raum, in dem ich bin, bin ich je und je schon konstituiert und in einem Verhältnis zum Bild, ob ich will oder nicht; freilich gesteht mir der Blick Christi aus dem Bilde die Freiheit zu, ihn zu ignorieren.

Die cusanische Schrift ist nach der Darstellung der Experimente der Reflexion derselben gewidmet. Sie geschieht in der Form einer an Gott gerichteten Meditation. Ein einziger Satz ist es, den Cusanus nicht den Menschen an Gott richten lässt, sondern den umgekehrt Gott an den Menschen richtet. Cusanus lässt Gott zum Menschen sagen: „Sei Du dein, und ich werde dein sein."

Zu den Personen

Hangert, Ulf
Ulf Hangert ist Bürgermeister der Verbandsgemeinde Bernkastel-Kues.

D'hoop, Ghislain
Ghislain D'hoop war zum Zeitpunkt der Kueser Gespräche belgischer Botschafter in Berlin und ist es inzwischen in Wien.

Licht, Alexander
Alexander Licht ist Mitglied des Landtages von Rheinland-Pfalz und Vorsitzender der Kueser Akademie für Europäische Geistesgeschichte.

Port, Wolfgang
Wolfgang Port ist Stadtbürgermeister von Bernkastel-Kues.

Rödder, Andreas
Prof. Dr. Andreas Rödder ist Professor für Neueste Geschichte an der Johannes Gutenberg-Universität Mainz.

Schwaetzer, Harald
Prof. Dr. Harald Schwaetzer ist Professor für Philosophie und an der Kueser Akademie für Europäische Geistesgeschichte tätig.

Thomé, Martin
Dr. Martin Thomé ist im Bundesministerium für Bildung und Forschung tätig.

Van Lier, Karl-Heinz B.
Karl-Heinz B. van Lier ist Landesbeauftragter der Konrad-Adenauer-Stiftung für Rheinland-Pfalz und Leiter des Bildungswerks Mainz.

Weidenfeld, Ursula
Dr. Ursula Weidenfeld ist Publizistin, Wirtschaftsjournalistin sowie Kommentatorin bei verschiedenen Fernseh- und Hörfunksendern.

Vogel, Bernhard
Prof. Dr. Bernhard Vogel war von 1976 bis 1988 Ministerpräsident des Landes Rheinland-Pfalz und von 1992 bis 2003 des Freistaats Thüringen.